シュタイナー教育に学ぶ通信講座
第2期　NO.1　通巻7号

シュタイナー
「愛に生きること」

表紙・デザイン　山下知子
表紙カバー絵　中村トヨ
イラスト　御手洗仁美

大村祐子さんからのメッセージ

2年目をありがとう！

第2期を始める日に

皆さまお元気でいらっしゃいますか。わたしが暮らす「ひびきの村」にも、日本のここかしこから花便りが聞こえてきます。日本で暮らすすべての人が、いえ、地球上に暮らすすべての人が（南半球に住む人は今、凍《こご》える季節にいるのですね）、生命が甦《よみがえ》るこの季節を言祝《ことほ》ぐことができるような暮らしをしているといいな、と願っています。けれど現実はそういうわけにはいかず（現実がそうではないから、そうであるようにと願うのですが）実に多くの人がさまざまな困難の中で生活しています。

3月27日の午後、わたしは事務所で仕事をしていました。誰かに肩を押されたような気がしてふっと顔をあげました。有珠山《うすさん》の上にうらうらとした青空が広がっていました。ちょっと春めいた雲が浮かんでいました。窓を大きく開けると、まるでそこでずっと待ちわびていたかのように、風がさーっと吹き込んできました。かすかに春の香りがするようでした。この風は洞爺《とうや》湖の水面を渡ってきたに違いありません……有珠山の向こうにひっそりと静まりかえっている洞爺湖……夕日にさざめく波の輪が、水面を音もなく広がってゆく様《さま》が見えるようでした。「わたし、仕事切り上げてもいい？洞爺湖に夕日を見に行きたいの」「ぼくも……」という彼と二人で車を走らせ、洞爺湖のほとりに着いた時には風はもうすっかり冷えて、春の香りは消えていました。

夕日の名残《なごり》の中にいながらも、時折どーんという音が地の底から聞こえ、身体が突き上げられるように揺《ゆ》さぶられました。「ちょっと奮発《ふんぱつ》して、露天風呂に入りましょうか」……宿泊客以外にも露天風呂を開放しているホテルに着くと、ロビーにはほとんど人影がなく、閑散としていました。「大丈夫ですよ。今日、明日に大きな噴火《ふんか》があることはないでしょう……」フロントの人が強《こわ》ばった声で言いました。「そうですか?」さっき通り抜けてきた温泉街の、半分以上の店がシャッターを下ろしていたことを思い出しました。浴場に入ると湯気の向こうにぽつん、ぽつんと人の気配がしました。お風呂に入っている間にも浴場が時折、大きな音と共に激しく揺《ゆ》れ、浴槽《よくそう》の湯がワッと立ち上がりました。それは長く続くということはなく、ほんの一瞬でした。のんき者のわたしはその瞬間心臓がきゅっとなりましたが、次の瞬間にはまた気持ちの良い湯を楽しんでいました。

　わたしたちがホテルを出た時にはさすがに人の影は消えていました。「大きな噴火が起こらないといいですね」「これからが観光シーズンですからね、今噴火されたら本当に困るんですよ」……そんな会話を残してわたしたちは家に帰ってきました。

　３月30日、有珠山の西、虻田《あぶた》町に近い山麓《さんろく》で噴火が起こりました。その３日後には、洞爺湖《とうやこ》温泉街のすぐ後ろにある金比羅山《こんぴらさん》が噴火しました。あの日わたしたちが行った温泉は、金比羅山から８００メートル離れた所にあります。フロントで話を交わした人は今どこにいるのでしょうか。避難所の様子をテレビのニュースで見るたびに彼の姿を探しました。地下で動き続けているマグマは有珠山周辺に30以上もの噴火口を作りました。あの日わたしたちが車を走らせた国道２５７号線の真ん中にできた噴火口から、今日も勢いよく白い煙が立ち昇っている様子が放映されています。

　危険区域に住む1万6千人の方々が避難《ひなん》されました。体育館や教室の固い床の上に毛布だけを敷いてやすんでおられます（その後、畳が敷かれた所もあります）。プライバシーのまったくない生活を続けておられます（ダンボールで仕切が作られた所もあります）。身体の具合を悪くされた方もい

メッセージ ______________________

ます（今、入院して治療を受けている方もいます）。職を失った方もいます。家を失った方もいます。「ひびきの村」の若いスタッフが「ボランティア・ひびき隊」を作りました。避難されている方々を温泉に送迎したり、浴場の掃除をしたり、子どもたちに人形劇を見てもらっています。避難している方々が必要なことがもっともっとあるはずだ、と言って探しています。

蛇田町《あぶたちょう》や伊達市に住んでいる「ひびきの村」の友人、知人も避難しました。その後、避難勧告が解除になって自宅に戻られた方がいます。自宅に戻ることを断念して伊達市に仮住まいを始められた方もいます。それぞれ不安をたくさん抱えている状態ではありますが、皆無事に生活しています。一時は「ひびきの村」の「シュタイナーいずみの学校」のある地域にも避難勧告が出されました。予定通り新学年を始められるかどうか心配していましたが、この地域も避難勧告が解除され、子どもたちは4月10日から勉強を始めています。断続的に数日続いた激しい地震で、「リムナタラ農場」にある古い牛舎の柱が傾きました。牛舎の一部を改造した幼稚園「こどもの園」の子どもたちがいます。行事がある時には沢山《たくさん》の人が集まります。なにより農場で働く人の安全を考えて、この機会に牛舎を改築することにしました。今、そのプロジェクトが急ピッチで進められています。

火山の噴火は自然の営《いとな》みです。それに対して、だれも不平を申し立てることはできません。これほど活発な活動を続ける活火山の、あまりにも近くに町をつくったこと、それを許した行政の問題はこれから議論されるでしょう。わたしも自分の問題として多くのことを考えたいと思います。その中でも、避難されている方々の様子と、火山噴火予知連有珠山部会の岡田弘氏の姿はわたしの心を強く捉《とら》え、何故だろうと、わたしはずーっと考え続けていました。

テレビのニュースで避難されている方々の様子が毎日放映されています。時にはインタビュアーとのやり取りも流されます。もう避難所生活を始めて3週間にもなるというのに、彼らの口から不平や不満のことばをほとんど聞いたことがありません。「有珠山が活火山だということは知っていました。それも活発な活動を続けていて、ほぼ30年周期で噴火しているということも知っています。ですからわたしたちが山を恨《うら》むこともありませんし、山に不満もありません。わたしたちは山のお陰で生きてきたのです。山にたくさんのものをいただいています。噴火がおさまったら、また我が家に戻って生活したいと思っています。わたしはここが好きなんです。どこよりもここが好きなんです。何度噴火しても、家が壊《こわ》れても、またここに住みたいと思うんですよ」……こんなことばを何人の人から聞いたことでしょう。ここでは人が自然と共に生きています。自然を征服しよう、そしてただ自分たちのために利用しようと思う人はいません。人は自然を愛し、自然を敬《うやま》い、自然に感謝し、自然と調和して生きています。そして彼らは山が噴火してもなお、山と共に生きてゆきたいと願っています。そんな彼らの姿に触れるたびに、わたしの心は震え、畏敬《いけい》の念を感ぜずにはおられません。

「地中の深い所から上昇してきたマグマが地下水脈とぶつかり、マグマの熱で暖められた地下水が蒸《じょう》気《き》となって噴出している、というのが今の状態です。ですから噴煙《ふんえん》が白いのです。地下水がなくなると噴煙は黒くなります。ですからわたしたちは噴煙の色の変化を注意深く観測しています。噴煙が黒くなってきたら爆発的な噴火が近いと考えて警戒する必要があります」「マグマは依然として活発に活動しています。今はマグマのエネルギーと地下水の力が均衡を保っている状態ですが、この均衡が破られた時は大爆発を起こす可能性があります」「次々と断層ができているということは、地下のマグマが上昇しているということです。マグマは出口を探しています。地層の薄い場所を探して地上に出ようとしているのです」……毎日ヘリコプターに乗って有珠山の上空を飛び、観測を続けている火山噴火予知連有珠山部会の岡田氏の口から曖昧《あいまい》なことばが話されるのを聞いたことがありません。彼は十分に学び、調査し、観測し、研究を重ねて予測を立てているのだということが分かります。ご

メッセージ ____________________

自分が学んできたことに自信を持っていらっしゃいます。その中から出てきた予測には確信を持っていらっしゃいます。ですから、断固として勧告を出すことができるのです。ご自分の見解に責任を持つ、という確固とした姿勢が感じられます。……真摯《しんし》に学ぶことがどんなに大切であるかということ。真摯に学ぶ人の内にだけ、真理と真実に対して畏敬の念が生まれるということ。その畏敬の念がその人に確信をもたらすということ。その確信だけが世の人の力になるのだということ。だからこそ、その確信を人に伝える時には責任を持つことができるということ……岡田氏の様子には覚悟を決めた人だけがもつ深い愛が感じられます。確固とした口調に、真理と真実の前では決して妥協しない厳しさを感じます。そんな岡田氏にどれほど多くの人が救われたことでしょう。

岡田氏の陰で働いている多くの人の力もまた感じます。市や町の役所で働く人、消防署、警察、気《き》象庁《しょうちょう》、自衛隊で働く人、火山学者、報道者、全国から集まってきたボランティア……人の目に留《と》まらない所で多くの人が、それぞれの使命を果たしています。そして、日本はもとより、世界中の人が祈りを捧《ささ》げてくれています。「ひびきの村」にも大勢の方々のお心が寄せられました。

噴火が始まって、もう1ヶ月が過ぎようとしています。有珠山のマグマはこれからどんな活動をするのか……予測は大変難しいようです。けれど、今後どのようになろうとも、有珠山や洞爺湖が好きな土地の人たちは、この土地に住み続けることでしょう。そして「ひびきの村」に暮らすわたしたちも、この土地を離れることなく彼らと運命を共に担《にな》いたいと考えています。

沢山の方々からお寄せいただきました篤《あつ》いお心に、深く深く感謝いたします。ほんとうにありがとうございました。こんな状況の中で、皆さまと共に再び学ぶ機会を与えていただきました。2年目をありがとう！

現代に生きるわたしたちの七つの課題 1

縁《えん》を得てわたしたちは出会い、昨年の6月から1年間、共に教育について考え、学んできました。人として生きるために必要な力を子どもの内に育て、人として生きるために必要なことを子どもに教える……親として、教師として、保母として、また直接子どもに関わることがなくとも、社会を構成している一人の成人として、「世にあるすべての大人は、世にあるすべての子どもの教育に関して責任を負わなければならない」ということにも気付きました。そしてまた、子どもの教育を考えることは、紛《まぎ》れもなくわたしたち自身の生き方を考えること、わたしたち自身の生き方を問うことだ、ということにも気付きました。それはとりもなおさずわたしたち自身のあり方を見つめ、生きることの意味を考え、人生の目標を定めることでありました。そうしない限り、わたしたちは子どもたちを教育することはできないということに思い至ったのでした。

そして、わたしたちはなんのために生きているのか、その目標を遂《と》げるためになにを、どのようにしたらよいのか、模索《もさく》し、考えました。そしてその答えを、深い洞察《どうさつ》によって得られたルドルフ・シュタイナーの思想の中に見い出したのでした。わたしたちは彼の世界観や人生観を学びました。そして、彼の世界観と人生観によって示された道の遥《はる》か先に、わたしたちの探し求めている答えがあるようだと希望を持ったのでした。わたしたちは学び、学んだことを毎日の生活の中で行う努力を続けました。そうしている間に、「わたしたちの探し求めている答えが、遥《はる》か先にあるようだ」という希望が、少しずつ「確信」に変ってきたのでした。

「希望」が「確信」に変わってきたのは、わたしたちの生きる目標が「精神の進化を遂げる」ことであり、そして今、地球期に生きるわたしたちが「精神の進化を遂げる」ために行わなければならないことは、「愛に生きる、愛を行う」ことであると知ったためでした。

この1年の間、わたしたちはまたゲーテの自然観による「植物の観察」もしました。それはさらにわたしたちの歩み始めた道に、明るい光を投げかけてくれました。「植物の観察」をすることによって、わたしたちはわたしたち自身の在り方を見ることができたのでした。なぜならわたしたちは、「植物」の中に働いている法則がまた、わたしたち自身の中にも働いているという認識を得ることができたからなのです。そして、その認識はわたしたちが得た「確信」を、さらに揺《ゆ》るぎないものにしてくれました。

こうして、わたしたちは1年を終えました。そして2年目を迎え、ふたたび皆さまと共に学ぶ恵みに授《さず》かり、わたしは考えました。そして、2年目の目標を、シュタイナーの示した「精神的な愛の行いとは、自分自身より他者を大切にし、その他者に帰依《きえ》することである」……それを、皆さまと共に「行う」ことを試みたいと考えました。「行う」というからには、決して抽象的にあれこれ考え、話し合うのではなく、日々の生活の中で「愛に生きる行いとは何であるか」ということを考え、確かめ、それを「行う」ということです。今、わたしたちはさまざまに異なった環境の中で暮しながら葛藤《かっとう》し、思いあぐね、悩み、迷い、しなければならないことから逃げたいと思い、また逃げることがあります。……が、それでも、わたしは皆さまとご一緒に「愛に生きる行いとは何であるか」、どうしたら「愛に生きることができるのか」ということを考え、「行う」努力をしたいのです。

わたしたちが目標を定め、その目標に向かって日々努力する姿を、子どもたちは見ています。聞いています。感じています。そして子どもたちはわたしたちに倣《なら》います。わたしたち自身の人生を全《まっと》うするために、そして子どもたちが彼らの人生を完成させる力を得るために、わたしは皆さまとご一緒に、歩み続けたいと思います。

「愛に生きる」ということと、このタイトルにあります「現代における七つの課題」（ルドルフ・シュタイナー自身は「七つの悪」と呼んでいますが、わたしは敢《あえ》て「課題」としました。その理由については、後で皆さまとご一緒に考えたいと思います）とは、いったいどのような関わりがあるのか……皆さまは訝《いぶか》しくお思いでしょうか。

長い間ルドルフ・シュタイナーの思想を学びながら、わたしは彼がわたしたちに何を示しているのか、理解することができませんでした。彼が「愛に生きる」ことを示しているのだと知った時も、そのことばの意味を理解はしても、そのことばがわたしの内で、わたしにそれを行わせる力にはなり得ませんでした。そしてそれから再び長い年月が過ぎ、ようやくのことで「愛に生きる」とは、「自分自身よりも他者を大切にし、その他者に帰依《きえ》する」ことだと知りました。そして、わたしがそれを成《じょう》就《じゅ》したいと願うなら、どんな時に、どんなことを感じ、どんなことをすることが「自分自身よりも他者を大切にし、その他者に帰依する」ことなのか、日々のわたしの身体と心と精神の在り方を顧《かえり》みながら、考えたいと思いました。

そんな時、わたしはキリスト者共同体の司祭、サンフォード・ミラー氏の講演を聞く機会に恵まれました。それは「現代における七つの悪」というタイトルでした。彼は……わたしたちが「精神的に進化しよう」「愛に生きよう」と強く願えば願うほど、それを妨《さまた》げる力も強く働く……というシュタイナーの考えを伝えてくれました。そして、わたしたちはその力が、いつ、どこで、どんなふうに働いているか、を認識し、それに向き合うことをしない限り、その力に負けてしまう、と警告したのでした。そして、今日の文明の中で、わたしたちの精神の進化を強く妨《さまた》げている「悪」について、シュタイナーがどのように考えているか、を話してくれました。その洞察《どうさつ》は、わたしに強い認識を与えてくれました。それを知って以来、わたしが精神の進化への道を逸《そ》れようとする時、いつもそれを止めてくれるのは、「七つの悪」に対する認識でした。「認識だけが力になる」という、シュタイナーのことばはつくづく正しいと思い知りました。わたしたちの目指す理想の社会を考える時、そして、その中で生きる自分自身の在り方を考える時、「七つの悪」の提言は、わたしにとってこれから先も大きな課題であり続けることでしょう。もっともっと深く考えなければならないと思っています。

ルドルフ・シュタイナーが示す「現代における七つの課題」

1. 抽象的な思考
2. 数と統計に頼ること
3. 知識に頼り、知識をため込むこと
4. 無関心であること
5. グループの中で生きること
6. 新約聖書を唯物的に理解すること
7. 予言や占いを信じること

シュタイナーは現代文明に生きるわたしたちが「愛に生きる」ためには、ここに挙げた「七つの課題」を克服しなければならない、と言います。

1　「抽象的な思考」

それはいったいどのようなものなのでしょうか。「抽象的な思考」とは、まったくイメージを持つことができない、心を動かされることのない「思考」のことですね。それに対して具体的な思考とは、わたしたちの心に生き生きとしたイメージを湧《わ》かせ、色、香り、音、艶《つや》、肌ざわりさえも感じさせるものです。具体的な思考をすると、わたしたちの感覚が働きます、心が動きます、感情が生き生きと動き出します。そして、身体までがうずうずと動き出すのです。そうです、心を動かすことのない思考は力を持ちません。わたしたちは心が動かなければ、身体を動かすことはできません。抽象的な思考は人を行動に駆《か》り立てることがありません。具体的な思考をした時、行為に移さなくてはいられなくなります。わたしたちの手足が動き出します。具体的な思考とはそんな力を持っているものです。

ですから、その反対の極にある抽象的な思考とは、心も動かない、手足も動かない、生命のない思考なのです。生命のない思考は、わたしたちの生命の力をも損《そこ》ないます。ですから、もし、わたしたちが「愛を論じる、愛を考える」のではなく、「愛に生きる」のであれば、抽象的な思考をしてはならないのですね。

2　「数と統計だけを頼りにする」

数と統計だけを頼りにすることの弊害《へいがい》を、わたしたちは毎日目にし、耳にしているのではないでしょうか。国会で法案は多数決によって決められます。政治家が自分たちの利益に繋《つな》がる法案を通すためには、仲間の数を増やせばよいわけです。ですから、政党は同じ理念、理想、同じ志を持った者が集って仕事をするところではなく、同じ利権を手に入れたいという野心を持った者が集るところとなっています。今や政治は理念や理想によって行われるのではなく、「数」で行われています。

今月のトピックス

また政策は「統計」によって行われています。文部大臣を務められていた有馬朗人《あきと》氏が、ある時小学校、中学校で教えておられる先生方を招き、「学級崩壊」や「学校崩壊」について話を聞く会を持たれました。その様子をテレビのニュースで放映していました。崩壊してしまった学級や学校の中で苦しんでいる子どもたちの様子、またその中で力を尽しているご自分たちの苦しみや悲しみを、先生方は口々に話しておられました。有馬氏は「学級崩壊」「学校崩壊」の状態を知りたい、とおっしゃって先生方にお出でいただいていたのでした。それなのに彼はこう言ったのです。「あなた方の話を鵜呑《うの》みにするわけにはいきません。まだ、学級崩壊や学校崩壊についての統計が出ていませんから。それまで判断するのは控えます」

目の前で苦しんでいる先生方が心の底から訴えているのに、目の前で困難に立ち向かっている先生が耳を貸して欲しいと言っているのに、彼はそれを聞こうとはしませんでした。先生方の悲しみや苦しみを見ようとしませんでした。彼は目の前で彼に向かって話をしている先生方より、「数」を信頼していたのです。「統計」は人格を無視します。人の喜び、悲しみを否定します。そしてこのように人と人との関係を絶ってしまいます。

有珠山《うすさん》で噴火が起き、そのために避難した方々の数は1万6000人と報道されました。その「数」は、わたしたちに避難された方々の苦しみを伝えてくれません。その方々の、家に帰りたいという切望をわたしたちに感じさせることはありません。その「数」を知っても、わたしたちには彼らの顔が見えません。彼らが避難所で眠れない夜を過ごし、不安の中で朝を迎《むか》える心が伝わってきません。体育館の床に毛布を敷いて横になる、その身体の痛みも分りません。「数」はわたしたちに何も伝えてはくれないのです。その方々、お一人お一人が何を心配し、何を気にかけ、何を嘆《なげ》いているのか、を伝えてもらえない限り……。

「ひびきの村」では何かを決める時、決して多数決で決めることはありません。なぜなら、多数決はその時必要とされていることを決して示してはくれない、と考えているからなのです。わたしたちはあることに対して決定をしなければならない時、スタッフ皆が集ります。そして、そのことについて、どう考えるかを、一人一人が話します。話をしている人を遮《さえぎ》って、他の人が発言することは決してしない、と約束しています。反対意見を言うことは勿論《もちろん》のこと、発言が終わった後にも、そのことについて誰からも、いっさいコメントはしません。反対も、賛成も、どんな意見も言いません。ただ、黙って聞くのです。話がどんなに長くても、言っていることがはっきりせず、よく分らなくても、分らなかったら分らないままでいいのです。つまり、わたしたちは話しているその人が思考していることを、自分の思考としようとしているのです。聞いているわたしたちがはっきり分らないということは、話している本人も曖昧《あいまい》で分らないということです。ですから、話されていることをそのまま聞くだけでよいのです。ゆめゆめ「あなたの言いたいことは、これこれこうなのね」などと、わたしのことばでまとめたり、言い換えることはしません。わたしのことばで言ってしまったら、それは発言した人の考えではなく、わたしの考えになってしまうからです。

そして、そこにいる皆が発言し終わり、使うことばや表現が違っていても、皆の考えが一致している時には、それで決定します。一人でも考えの違う人がいる時には、もう一度皆が意見を言います。一回りして、まだ一つにならない時には、もう一巡《いちじゅん》します。不思議なことに、回を追うごとに、一人一人の発言が短くなります。そして、最後には皆の考えが一致します。螺旋《らせん》を描いてゆっくりと昇ってゆき、最後には一つになるような……。「ひびきの村」ではそんな過程を経て、物事が決定されます。

今月のトピックス

3「知識に頼り、知識を貯《た》めこむこと」

決して批判しているのではありませんし、否定しているのでもありません。が、わたしが講演や授業をしている時、まったく顔を上げず、必死になってノートを取っている人を見ると、時々わたしは顔を上げて！　わたしと話をして！　いっしょに考えて！　と呼びかけたい衝動《しょうどう》に駆《か》られることがあります。

わたしも授業や講演会で話されることを一生懸命ノートに書き込んでいたことがあります。けれどある時、講義を聞いて家に帰ってふっと思いました。「講師はどんな様子で話されていたかしら？　どんな服を着ていらしたかしら？　どんな声だった？　背の高い方だったような気もするし……」愕然《がくぜん》としました。わたしはその方と出会ってはいませんでした。その方から何も受け取ってはいませんでした。ただ知識を得ていただけでした。わたしは知識を貯《た》めこむだけで安心していました。そして聞いたことをノートに書き残すことに夢中になっていました。それだけで学んだ気になっていました。心で感じることも、自分の頭で感じることもしませんでした。そして、そのことに気が付きさえしなかったのです。そして記録したノートを取り出して、書いてあることを人に話しては得意になっていました。いかにも自分で考えたかのように話したこともありました。それで満足していました。「わたしはこんなことを知っているのよ。あんなことも知っているのよ」……と。決して理解してなんかいなかったのに！　まして、それを行うことなんてまったくできもしなかったのに！

本もたくさん読みました。読みたい本は無理しても買いました。本棚の空間が次々と埋《う》まってゆくのを見ては満足していました。買えない時には図書館で借りました。あれもこれも、興味にまかせては読み漁《あさ》っていました。今、わたしの心に残っていて、わたしの生きる力となっているのはその中の何冊でしょうか。知っていることは何の力にもならないということを、自分の体験からつくづく思います。知るとわたしはそれだけで安心し、満足して、そのことに向き合うことをしません。知ったことで、それを理解したと信じ込んでしまいます。

今わたしはルドルフ・シュタイナーの思想を知識として蓄《たくわ》えようとは考えていません。彼の思想を生きることを志しています。彼の思想を一つ一つ確かめながら、心で感じながら、自分でそれを試みながら……。

図書館に行くと、膨大《ぼうだい》な数の本に圧倒されます。伊達市にある図書館ではコンピューターを使って本の管理をしていません。昔のように、カウンターで貸し出し用紙に本の名前、番号、借りる人の名前などを書き込みます。「図書館の本を借りている」という感じがします。コンピューターで処理している図書館では、カードを提示するだけで済みます。そんな時、わたしは「本」を借りるというより、情報を提供されている、と感じます。本を書いた人や、本を作った人の存在を感じることが殆《ほとん》どありません。わたしの知人の一人が、医療関係の情報をコンパクトディスクに入れて販売する、という仕事をしていました。「サクラメント市立の5階建ての図書館にある蔵書の分量全部を、この小さなディスクに入れられるんだよ」と彼は得意そうに言っていましたっけ。

誰でも手軽にコンピューターが使える時代になりつつあります。ますます知識や情報が氾濫《はんらん》し、その量の多さを競うようになるでしょう。そしてその中で、いかに最新の情報や、知っていると便利な知識を手に入れることができるかと、わたしたちは躍起《やっき》になるでしょう。そんな状況の中でも、必要なことだけを知り、知るだけではなく、それが自分の認識になるようわたしたちは努力したいものです。そして認識したことを心で感じ、それを行うことによって自分だけが良くなるのではなく、人と分かち合い、共に進化できたらどんなによいでしょう。

今月のトピックス ＿＿＿＿＿＿＿＿＿＿＿＿＿＿＿

4　「無関心であること」

名古屋の中学生が、同級生数人に５０００万円を脅《おど》し取られた、ということを聞いた時、わたしは自分の耳を疑いました。どうしたら５０００万円などという大金を、中学生が使い果たすことができるのか、毎月の食費を1万５０００円でやりくりしているわたしには想像もつきません。けれど、なによりも驚いたことは、お金を脅《おど》し取って豪遊《ごうゆう》していた中学生たちの親や学校の先生がそのことに気付かなかった、ということです。豪遊をしていた先のレストラン、スナック、カラオケバーなどで働いている大人は、子どもたちがお金をばら撒《ま》くように使っていたことを、おかしいと感じなかったのでしょうか。わたしには想像できません。まったく腑《ふ》に落ちません。本当におかしいと感じなかったのであれば、彼らがいかにその子どもたちに対して無関心であったか、ということですね。

14歳の中学生が自宅で出産し、16歳のボーイフレンドが困った挙句《あげく》、赤ちゃんを外に置き去りにして凍死《とうし》させてしまった、という事件がありました。女の子の家族は、彼女が妊娠していたことに気付かなかった、というのです。本当でしょうか。彼女が悪阻《つわり》で苦しむことはなかったのでしょうか。食欲はあったのでしょうか。身体がだるくて困ったことはなかったのでしょうか。臨月《りんげつ》になってから身体を思うように動かせなかったということはなかったのでしょうか。どうして周囲の大人は気付かなかったのでしょうか。友達も、近所の人も、先生も……。

新潟では少女が9年以上もの長い年月を、狭い部屋で満足な食事も与えられずに監禁《かんきん》されていました。監禁していた男の母親はそのことに気付かなかったと言います。人は、自分に危害が及びそうなこと、恐ろしい目に会いそうなこと、自分の不利益になりそうなことには、気が付かない振りをすることができるのですね。気が付きたくないと思ったら、本当に耳にも目にも入らないのですね。その少女が発見された時、所轄《しょかつ》警察の責任者は温泉で接待マージャンをしていたそうです。自分がいる場所さえ知らずに、9年間閉じ込められていた少女が救出された、と聞いても彼らは心に何も感じなかったのでしょうか。日本中の人がその少女の傷の深さを思って心を痛め、ご両親の苦しみや悲しみを思って胸を詰《つ》まらせていた時に、もっとも近くにいなければならないはずの人たちが、これほど無関心でいられるとは……。

「無関心」は恐ろしいことです。悲惨《ひさん》なことを引き起こします。でも、こんなことを言いながら、わたしは自分に問いかけます。……わたしはいつも世界に対して関心を持ち続けているだろうか、自分のことや自分の身の回りのことだけに汲々《きゅうきゅう》としてはいないだろうか……。わたしが真っ先に思うのは、自分のこと、自分の仕事のこと、息子たち一郎や次郎のこと、パートナーのこと、「ひびきの村」のこと、「ひびきの村」で働いている人たちのこと、「いずみの学校」で学んでいる子どもたちのこと、「こどもの園」の子どもたちのこと、その家族のこと……忸怩《じくじ》たる思いです。

そんなわたし自身の在り方に気が付いて、わたしはせめて1週間に1時間でも、自分のことはいっさい忘れて、世界のことを考えたいと思いました。そして1年前に「ひびきの村」の仲間と共に、「世界の出来事を考える夕食会」を始めました。毎週火曜日の午後7時に集まり、わたしたちはローソクの灯の中で、パン一切れと、紅茶一杯の夕食をいただきます。感謝の祈りを捧《ささ》げ、パンを一口一口噛《か》みしめながらいただきます。そして、このパンがどこで、どうやって、どんな人の手によって作られ、運ばれてきたか、感謝をこめて考えます。わたしたちの外にある自然と、わたしたちの存在が、パン（自然の恵み）によって結びつけられたことを深く思います。そして、一人一人、世界で起きた出来事を話します。できる限り遠くで起きた出来事を話します。……台湾の選挙のこと、政治に利用され、もみくちゃにされているキューバの少年のこと、生きたまま焼き殺された二人の女性のこと、

今月のトピックス ________________

被爆して苦しむチェルノブイリの周辺に住む人々のこと……遥《はる》か遠くの見知らぬ国の、見知らぬ人々の人生を、わたしたちは一心に思うのです。今わたしたちは、傍《そば》へ行ってその人たちを助けることはできません。けれど、せめて一時《いっとき》だけでも、精神の世界の中でわたしたちは共に生きることができるでしょうか。

「シュタイナー教育に学ぶ」この講座で、「現代における七つの課題」を取り上げることは、相応《ふさわ》しいことだろうか、皆さまが望まれていることだろうか。……随分考えました。最後まで迷いました。いいえ、「今からでも書き直せるのよ」という声もわたしの内から聞こえてきます。わたしは皆さまが必要とされていることを、ご一緒に学びたいと心から願っています。皆さまが子どもを育て、教えている今この時に、困っておいでのことはたくさんあるでしょう。……「『寒いから、セーターを着なさい』というのに、自分の気に入っているブラウスを着たいと言って子どもが泣き喚《わめ》く時、いったいどうしたらいいんでしょう?」「成長期の10歳の男の子がスナック菓子ばかりを食べたがって困っています」「うちの子どもは時々お友だちに手を出してしまうことがあります。元気がよすぎるだけのことだわ、とわたしは思うのですが、近所のお母さんたちには乱暴な子と思われて、敬遠されているようなんです。大村さんはどう思いますか?」……こんな悩みをお持ちのお母さんたちに「現代における七つの課題」をご一緒に考えましょう、と呼びかけるのは無理なことでしょうか。

今あなたが悩んでいらっしゃることをご一緒に考え、どうにかして解決の糸口を探したいと、わたしは願っています。今あなたが悲しみのどん底に沈んでいらっしゃるのなら、わたしも底に下りて行き、あなたの手をとってご一緒に明るい光の中に戻って来たいと思います。今あなたが傷を負って動けないのなら、わたしも同じ所に留まっていたいと思います。けれど、わたしがどんなに強く願っても、わたしは皆さまの傍《そば》に行くことはできません。あなたもわたしも肉体という限界を持っています。肉体を持っている限り、わたしたちは同時に二つ以上の場所にいることができません。わたしがどんなに皆さまの所に行きたいと願っても、皆さまがどんなに「ひびきの村」を訪ねたいと思われても、他の場所にいることが必要な時にはそれも許されません。それと同じように、皆さまがどれほどご自分の悩みに答えを欲しいと願っても、ご自分の疑問に答えて欲しいと考えても、お一人お一人が訊《たず》ねられる、すべてのご質問にわたしが答えることは不可能です。わたしたちは一人一人違った肉体を持って生きています。ですから、同じように見える状況も、よく考えると違っているものです。

ただ、わたしたちの生きるこの世界には真理が働いています。法則が働いています。この世のすべてに例外なく働いています。わたしたちの内にも働いています。ですから、もしわたしたちが、わたしたちの内で働いている真理、法則を認識することができたら、あなたの前に横たわっている困難の中にある本質が見えてくるはずです。そして、その困難にどのように向き合ったらよいのかということも明かになるはずです。そうすることによって、わたしたちはそれぞれが抱えているすべての困難に対処できるようになるでしょう。なぜなら、この世のすべての内に真理、法則は働いているのですから……。

日常的なさまざまな困難を、どうしたら良い方向に向けることができるか……わたしは皆さまとご一緒に考えたいと願っております。そして同時に、すべての困難に働いている真理、法則を認識する力を養いたいとも願っています。そうすることができた時、もはやわたしたちは困難にぶつかるその度に、思い煩《わずら》わされることがなくなるに違いありません。なぜなら、わたしたち一人一人が抱えている異なった問題は、真理の光にあまねく照らされて、誰の目にも明かにされるからなのです。

そういう願いを込めてこの「現代に生きるわたしたちの七つの課題」を書きました。ご一緒に考えていただけましたら、こんな嬉《うれ》しいことはありません。「七つの悪」ではなく「課題」としたことも

子どもの成長段階 I

0歳から3歳まで「ようこそ、地球へ……」

生まれたばかりの赤ちゃんはどんなふうに成長するのか
シュタイナーの世界観から見てみましょう。
「真・善・美」を身体で受け止め、
人生を左右するほど大切な「畏敬《いけい》の念」が育つ時期。
もうすぐ「おばあちゃん」になる大村さんから
愛情たっぷりのメッセージをお届けします。

大きな白い翼をつけた天使に付き添われ、天から地上に架《か》けられた七色に輝く虹の橋を渡ってこの地上に下りてきた、あの日のことをあなたは覚えていますか。不安がるあなたの手を引いて、天使はゆっくりゆっくり、虹の橋の上を歩きましたね。あなたは橋から地上に足を降ろす時、何とも言えぬ不安と恐れを感じました。そして最後の一歩を踏み出すことが、なかなかできませんでした。あなたが顔を上げて天使を見ると、天使は大きく頷《うなず》き、きっぱりとした様子でこう言いました。「これから先も、わたしはずっとあなたの傍《そば》にいますよ。だから心配しないで……。さあ、勇気を出して渡りましょう」天使に促《うなが》されて地上に足を下ろしたその時に、あなたはあなたの母親として選んだ人の内に宿り、その人の温かい身の内で守られ、静かに眠り、10ヶ月の間この地上で人間として生きるために必要な準備をしたのです。

そう、あなたは母親のお腹の中にいた間に、天国で暮らした時のことをすっかり忘れてしまいました。ですから、この地上に下りてくる前にはどこで、なにをしていたか、今ではまったく思い出せないことでしょう。天使に手を引かれて大きな虹の橋を渡ってきたことも、勿論《もちろん》覚えていないはずです。忘れる必要があったから……。なぜなら天国の暮らしと、この地上の暮らしはまったく違っているからです。天国ではだれもが肉体を持っていませんから、考えたことをことばや物であらわさなくとも、分かり合えるのです。そして考えたことはそのまま実現するのです（形になるという意味ではありません）。ですから、わたしたちが地上に下りてくる以前に、天国で暮らしていたことを覚えていたのでは、地上で人間として暮らすことが難しくなってしまうのです。

でも心配しないでください。この地球上で成すべきことをすべて終えた時、あなたは再び天国へ戻ることができるのです。天国に戻った時には、わたしたちは地上での出来事を覚えているのでしょうか。それは分りません。わたしも天国での暮らし振りをすっかり忘れてしまっているので、それがどんなものであったか、あなたに今お話しすることはできないのです。

さて、天使に励まされ、付き添われて母親の体内に宿り、過ごした10ヶ月の間に、あなたは人間としての姿を整えたのでした。そして、すっかり人間としての身体ができあがった時、この世に生まれてきたのでしたね。そうです、あなたは母親の羊水《ようすい》（液体）の中で漂《ただよ》っていた後、大気（気体）の中に飛び込んできたのです。そして、その瞬間から肺を使って呼吸を始めたのでした。それはそれは恐ろしい経験だったことでしょう。細くて真っ暗な道を、大きな力で押され、嫌も応もなく、突然明るい、頼りのない、ふわふわして捕《と》らえどころとてない広い空間に押し出されてきたのです。あなたは激しく泣きましたね。そうです。「泣く」ことがあなたのこの世ではじめてした行為でした。

あなたもわたしも、わたしたちの周りにいるすべての人が、一人の例外もなくこんなふうにしてこの世に生まれてきました。勿論《もちろん》、あなたのお子さんもです。あなたがはじめて泣き声をあげた時、あなたは大きく息を吸いました。そして、肺の中に酸素が送りこまれました。酸素はさらに心臓の二つの心室に送られ、血液によって運ばれてあなたの全身を駆《か》け巡《めぐ》り……こうしてあなたは身体を持った人間としての営みを始めたのでした。

さあ、生まれたばかりの赤ちゃんが、どんなふうに成長してゆくのか、成長するためには何を必要としているのか、それをわたしたちはどのようにして助けたら良いのか……学んでゆきましょう。

あなたの赤ちゃんは今、どうしていますか。眠っていますか。お腹を空かして泣いていますか。目を覚まして、きょろきょろとあなたを探しているでしょうか。それにしても、生まれたばかりの赤ちゃんはよく眠りますね。「少しは目を覚ましていてくれたらいいのに……」寝顔ばかりを見ているお父さんはちょぴり不満そうですね。でも仕方がありません。眠って、ミルクを飲んで、動いて、赤ちゃんは成長するのですから。こんなことはだれでも知っていることです。ことさらシュタイナー教育に学ぶ必要もないことですね。ですから、ここでは皆さまとご一緒に、シュタイナーの人間観から見た、生まれてから3歳までの子どもの成長を学びたいと思います。

さて、シュタイナーの人間観は、生まれてから3歳までの子どもの内でどんな力が育つ、とわたしたちに示しているのでしょうか。彼は次のように言っています。まず、この時期には「子どもの身体の組織とさまざまな器官が成長する」と。ですから、わたしたちは子どもたちの身体の組織と器官が育つように助けてあげなければならないのです。「そんなことならどんな育児書にも書いてあるわ。ちゃんとした食事を与えて、よく眠れるように静かで快適な環境を整えてあげて、適度に運動をさせて……そんなことならとっくにしています！」……そうですね、まったくそのとおりです。でも、ちょっと待って下さいますか。シュタイナーはその次にこのようなことを言っているのですよ。

「子どもが健《すこ》やかに育つということは、子どもの身体が善や正義、そして真理や美を受け入れるようになることである」と……。身体が善や正義、真理や美を受け入れる?……善や正義、真理や美はわたしたちの心と精神が受け入れるものではないの？　そうなのです。大人はそれらを心と精神で受け入れます。なぜなら心と精神が具《そな》えられていますから。覚えていらっしゃいますか。1年目の講座で学びましたように、わたしたちの心は7歳以降に、精神は14歳以降に育ちます。7歳になる前の子どもの内では心や精神がまだ育っていないのです。ですから子どもは善や正義、真理や美を、身体で受け止めるしかないのですね。そして、善や正義、真理や美を受け止めた身体はそれらの持つ力によって健《すこ》やかに成長し、ますます善や正義、真理や美を受け取ることができるようになるのです。

それが真実だとしたら、子どもが不正義な行為や愚《おろ》かなことば、醜《みにく》い感情や偽《いつわ》りに取り囲まれて成長した時、身体は健やかに育たないということもまた、真実なのではないでしょうか。そうです、シュタイナーははっきりとそう言っています。俄《にわか》には信じがたいことかもしれません。けれど、不正義や虚偽《きょぎ》の中で育てられた子どもの脳そのものが、美しいもの、清らかなもの、真なるものに反応しない形に作り上げられてしまうということもあり得るのだ、とシュタイナーは言っているのですよ。反対に、もし子どもが善や正義、真理や美に満たされた環境で育てられたなら、その子どもは正義に憧《あこが》れ、美を崇《あが》め、善を行い……生涯をとおして精神的な生き方を貫くことができると言います。

皆さまの中には「精神的なものによって身体の発達が左右されるなんて！」とお思いになる方もいらっしゃるでしょうか。わたしは小学1年生の秋に肋《ろく》膜《まく》炎を患《わずら》って、3ヶ月の間学校を休んだことがあります。わたしの父親は8人兄弟姉妹の長男でした。6人兄弟姉妹の末っ子で、大切に育てられた母親にとって、夫の大家族の中で暮らすことは耐えがたいことだったに違いありません。勿論《もちろん》、3歳以前のわたしの記憶の中に母が葛藤《かっとう》する姿はありません。が、今にして思うと、母親の嘆《なげ》きや悲しみ、屈辱《くつじょく》、そして家族の間できっとあっただろうと思われる諍《いさか》い……美しくもなく、善でもなく、真でもない大人たちの思いやことば、そして行為を、わたしの身体はきっと受け止めていたのだろうと思うのです。そして、それらがわたしの肺（呼吸器）の働きを妨《さまた》げたのでしょう。

誤解していただくと困るのですが、わたしは決してわたしの周りにいた大人たちを悪く言っているのでもなく、責めているのでもありません。子どもの頃にはそんな環境に生まれたことを残念に思ったこともありますし、その時は辛いとも悲しいとも思いました。でも、大家族ゆえに楽しいこともあったのです。暮れのお餅《もち》つき、お正月の大会食、たくさんの従弟妹《いとこ》たち……シュタイナーの思想は、わたしが生まれてきた環境は他の誰でもない、わたし自身の意志で選んだのだ、とわたしに確信させてくれました。わたしはわたしを育ててくれた環境に、そしてすべての人に、今心から感謝しています。

7歳の秋に発病するまで、わたしはすくすくと成長していると誰もが思っていました。生理学的にも医学的にも、わたしには問題がなかったはずです。それでも、わたしたちの目には見えないところで、善や美や真なるものに背《そむ》いた力はわたしの身体の成長を妨げていたのですね。善なる行い、そして正義や真理に貫《つらぬ》かれたことばや美しい物に触《ふ》れることなく成長すると、子どもたちの身体の機能や器官は健《すこ》やかに育つことができないのです。

わたしたちは、子どもを育て、教えるわたしたち自身の存在こそが真であり、善であり、美でなければならないということを忘れてはならないと思います。

さて、子どもの健やかな成長を促すために衣食住の環境を整えたいと願う時、わたしたちはどのように考えたらよいのでしょう。正義や善、真なることや美しい行い……つまり「心や精神に関わる環境を、子どもは身体で受け止める」というシュタイナーの洞察《どうさつ》を基《もと》にすると、子どもが成長するためには何が必要で、何が不必要であるかが明らかになるのではないでしょうか。子どもたちの周りは、生命のあるもの（自然の素材で作られたもの）、美しいもの、簡素なもので満たしたいとわたしは願います。化学物質で作られた物は軽くて、安くて、早く作ることができて、壊れにくい……という理由で作られたのですね。皆さまはその中に、美を見出すことができますか。化学物質で作られた物は真なる物ではありません。なぜならそれは本物に似せて作られた物だからです。虚偽《きょぎ》によって作られた物なのです。添加《てんか》物《ぶつ》の入った食品は不正義な考えによって作られた物です。添加物は子どもたちの身体を蝕《むしば》みます。そのことを知っていながら子どもに添加物の入った物を食べさせることは、さらに不正義な行為です。子どもを健やかに育てるために何が必要なのかということも、シュタイナーの洞察によると、このように明らかになるのです。

さて、子どもを見ていて他に気が付くことは何でしょうか。そうですね、子どもはわたしたち大人には到底真似できないほど身体を動かします。生後1ヶ月の赤ちゃんでも、音のする方に頭を動かしたり、手を伸ばして物を掴《つか》もうとします。やがて寝返りをうったり、つんつん上に動いたり、這《は》ったり……歩けるようになると……そうです！　1歳を過ぎる頃、子どもたちは歩けるようになるのです！　歩くために、子どもは立ちます。地球の重力に逆らって立ちます。天と地をつなぐ者として、子どもはそこに立つのです。二本の足を地につけて立つことは、この地球上で生きる生物の中で、人間だけに許されたことです。長い進化の末に、遂《つい》に人間は立ち上がることができるようになりました。それは文明の曙《あけぼの》でした。なぜなら人間は立つことによって両手に自由を獲得し、その自由になった手を使って「物」を作りだすことができるようになったのです。文明は人間が作り出した「物」によって発展してきました。

また、立つことは人間に自我をもたらしました。人間の「わたしはわたし、他の誰とも違う」という自我の意識は、人間が「立つこと」によって獲得した力でした。立って世界を見ることによって、わたしたちは一人一人異なる視点を持つようになりました。わたしが見ている景色は、隣りに立つあなたの目に写る景色とは異なります。なぜなら、わたしの視点とあなたの視点が違うからなのです。あなたがわたしと異なる視点を持っているのは、あなたの立っている位置とわたしが立っている位置が違うからです。こうして、「立つこと」によって、人間は自我を持ち、人間の文明は栄えてきたのです。

さて、立ち上がり、歩くことができるようになった子どもたちは、興味のある物を見つけると突進します。砂の上をごろごろと転げ回ります。高いところから飛び降ります。そして、棒きれを持った手を振りまわし、石ころを蹴飛《けと》ばし、走り、投げ、しゃがみ込み、ぶら下がり……子どもは始終動いているように見えます。

わたしの長男は小さい頃、とても身体を動かすことが好きでした。エネルギーをいっぱい持っている子どもでした。彼と公園で遊んで帰ってきたわたしの母親が、昼寝をしている彼の寝顔を見ながらつくづく言っていましたっけ……「寝ている一郎が、いちばんいい子だわ」

ルドルフ・シュタイナーは子どもが動くことについて、こう言っています。……「身体を動かしたい」という子どもの欲求は、子どもの奥深い内側から湧《わ》き出てくる「最も内的な衝動である」と……。子どもたちの生の衝動とも言うべきこの力は、彼らを成長させるために、彼らの内に具《そな》えられている精神の力によって生まれるものなのだ、とシュタイナーは言うのです。ですから、子どもが身体を動かすことはまったく自然なことであり、子どもの本性なのです。このことを理解していれば、わたしたちが子どもたちの「動きたい！」という衝動を無理に抑《おさ》えつけたり、止めさせることをしてはならないと分ります。また同時に、子どもに動くことを強制することもしてはならないことなのです。ですから、3歳前の子どもにリズム体操を習わせたり、水泳教室に通わせたりすることは、「動きたいように動く」という子どもの本性に背《そむ》いたことであるということも、お分かりになると思います。シュタイナーはまた、「子どもに強制的に運動させると、年を取ってから健康を害することが多い」とも言っているのですよ。

今子どもたちを取りまく環境は、彼らが「生の衝動」を存分に生きることができるものではありません。子どもたちが「思うままに身体を動かす」ことができるものではありません。そんな環境を、わたしたちがつくってしまいました。せめて1日に1時間でも、「生の衝動」が抑《おさ》えられることなく、子どもたちが存分に動きまわることができるといいですね。「生の衝動」をいつもいつも抑えられてしまうと、子どもたちは生きることを楽しいと感じなくなってしまいます。そうすると子どもたちはやがて「生きよう」と思わなくなってしまいます。そして、子どもたちの生命の力が枯れてしまいます。子どもが望むままに動きまわれる環境になく、その環境を変えることも出来にくい、困難な状況に在るお母さん、お父さんもいらっしゃるでしょう。でもせめて、あなたの腕にぶら下がらせてぶんぶん振りまわしたり、「高い高い」をしてあげたり、馬になって背中に乗せてあげたり、風船を衝《つ》いたり、鬼ごっこをすることはできるでしょうか。どうぞ、あなたの子どもさんに「生の衝動」を失わせないために、そして子どもさんが活き活きと生きることができるために、少しでも工夫して下さるようお願いいたします。

生理学的に見たら、子どもが身体を動かすことは、勿論《もちろん》、身体の組織、機能を強める力になるということは、言うまでもありません。そして、その力は栄養組織、消化組織を正しく発達させる力ともなります。

もう一つ、運動についてシュタイナーが言っていることは、皆さまもよくご存じですね。そうです。身体を動かすことによって、子どもたちの「意志」が育つということです。

「意志」は本来、心から生じるものです。……「花がきれい、触《さわ》りたい」「鳥が飛んでいる、いっしょに飛びたい」「ぴちゃぴちゃと面白い音がする水溜《たま》り、いつまでも遊んでいたい」「わーい、犬が走っている、追いかけよう」……子どもは世界を心で感じます。感じた心が意志の力となって身体を動かすのです。意志の働きは本来、心にあるのです。そして身体を動かす喜びがまた、心に働きかけ、心の働きが再び意志の働きを促すのです。こうして身体を動かすことで、子どもの意志は育ちます。

さて、0歳から3歳の子どもたちが獲得する、もう一つの大事な力、それは「話す」力です。わたしの長男が2歳半になった頃、彼とはじめて会話が成り立った時のことを、わたしは今でもはっきりと覚えているのですよ。夫から「帰りが遅くなる」という連絡があったので、一郎とわたしは二人で夕飯を摂《と》り始めました。一郎はその日、公園で一緒に遊んだ犬の話を一生懸命してくれました。「それで、その犬はどうしたの？」と聞くと、「ぼくがまたあしたねって、てをふったら、しっぽをふって、うんといったよ」……わたしが尋ねたことと、彼の答えたことがぴたっと合いました。一郎とわたしの会話が成立したのです！ それは記念すべき一瞬でした。それまで、彼は受け答えが容易にできませんでした。ことばはたくさん知っていました。短い文章も話せました。それでも、わたしの話を理解して、それに適確に答えるということはできませんでした。「あ、一郎と話ができた！ これからもずーっと話ができるんだ！」心が踊りました。心がじーんと熱くなりました。彼もニコニコしていました。そして誇《ほこ》らしげでした。それから27年が経ちました。その間、時にはお互いに感情に邪魔《じゃま》されて話が通じないこともありました。聞きづらいことには聞こえない振りをしたこともありました。話したくないこと、聞きたくないこともありましたが、それでも彼とわたしは話をしてきました。同じ言語を話す者同士として、ずーっと話をし続けてきました。わたしはそれをどれほど感謝しているか……。

はじめて一郎と会話ができた、その喜びと感動をわたしは忘れることがありませんでした。ですからアメリカで暮らした11年間、家では次郎と日本語で話をしました。家では決して英語は使わないと決めました。わたしは美しい日本語を話すように努力しました。次郎が高校生になった時には、担任と相談して、日本語を第二外国語の一つとして認めてもらいました。そして次郎はわたしと一緒に日本の文字を読みました。13年振りに日本に帰って来た彼は今、「ひびきの村」で働いています。同じ言葉を持つ者として、仲間と十分話をしながら……そして、今おじいちゃんやおばあちゃん、おばさん、おじさん、従弟妹たちと、電話で楽しそうに話をしている彼を時折見かけます。

ルドルフ・シュタイナーは、子どもが話せるようになることには三つの意味があると言っています。一つは、子どもは話すことによって、世界と関わりを持つようになるということ。二つ目は、話すことによって呼吸器と循環器が発達するということ。三つ目は、話すことが子どもの心を育てるということです。

さて最後に、子どもたちの人生を左右する、もっとも大切なことをお話ししましょう。それはこの時期に、子どもたちの内で「畏敬《いけい》の念」が育つということです。「畏敬の念」は長い人生の、この時にしか育てられないとシュタイナーは言います。「畏敬の念」……真理を畏《おそ》れ敬《うやま》う心、この世のすべての物の内に、人の内に働いて、その物を、その人をかく在らしめている力を畏れ敬う心です。それはわたしたちの生きる目的である「精神の進化」を遂げるために、もっとも大きな力となるものなのです。「どんなに立派な仕事をやり遂げても、どんなに人格が高まったとしても、どんなに人に評価されようとも、その人の内に「畏敬の念」がなければ、その人の人生は意味を持たない」とまでシュタイナーは言っています。

「とても疲れているから……」会いたいと言ってくれる人に断りの電話をしようとする時、わたしの手を押し止めるのは「畏敬の念」です。他の人の話に耳を傾けずに「わたしの話を聞いて」とはやる気持を諫《いさ》めるのも「畏敬の念」です。「これはどうしても手放すわけにはいかないの」と言うわたしに、それを差し出させるのも「畏敬の念」です。わたしが人よりも自分を大切にしたいと思う時、わたしが人を退けて自分の思いを遂《と》げようとする時、人に自分の考えを押しつけようとする時、「畏敬の念」は働きます。そしてわたしに人に帰依《きえ》する道を選ばせます。わたしを愛に生きようとさせます。わたしが「畏敬の念」を持っていなかったら……どんなことを考え、どんなことを感じ、どんなことをするでしょうか……あまり恐ろしくて考えられません。

わたしはたくさんの弱さを持っています。傲慢《ごうまん》な心、怠惰《たいだ》な性向、嫉妬《しっと》する気持、蔑《さげす》む心、驕《おご》り、不安……こんなわたしが生きることを「畏敬《いけい》の念」がいつも支え、助けてくれます。だから「畏敬の念」を思い起こせば、どんな所にいても、どんな人と一緒でも、どんな時でも、何をしていてもわたしは祝福されているのだと思えます。この「畏敬の念」は、人間が生まれてから3歳になるまでに獲得するものだ、とシュタイナーは言うのです。

わたしたちは0歳から3歳の子どもたちが、どんなふうに成長し、その時どんな力を得るのか、ということを学んできました。子どもたちは身体の組織や器官を作り、動けるようになり、話ができるようになります。どれもこれも人間として生きるためには、とても大切な力です。が、何よりも何よりも大切なことは、子どもが3歳になる前に、子どもの内に「畏敬の念」を育てることだということが分りました。

わたしたちが人と共に生きる時、もっとも大切なもの……「感謝すること」「愛すること」「務めを果たすこと」……この三つの力を身につけてさえいたら、わたしたちはどんな人とでも、共に生きることができるのです。そして、この三つの力の根底にあるもの、それが「畏敬の念」なのですね。

わたしは8月におばあちゃんになります。8月には一郎とパートナーの真紀ちゃんを親に選んだ赤ちゃんが生まれます。今、わたしはこんな夢をみているのですよ。

……ガーゼの産着《うぶぎ》に包まれて、薄い毛糸の帽子をかぶって、赤ちゃんはすやすやと眠っています。窓にはピンク色の木綿のカーテンがひかれ、そのカーテン越しに午後の陽がうっすらと透《す》けて見えます。赤ちゃんが目を覚ましました。お母さんはすぐ赤ちゃんの傍《そば》に行き、声をかけていますよ。「よく眠ったのねえ。ご機嫌いかが?」赤ちゃんはお母さんの顔を見上げてうれしそう! 差し出されたお母さんの人差し指をしっかり握って放しません。あら、顔をしかめているわ。うんちでしょうか! 顔を真っ赤にしていきんでいます。あらあらぐずぐず言い出して……おむつを取り替えましょうね。おむつはあちらのおばあちゃんが木綿の布で100枚作ってくださったとか! よかったわね、紙オムツじゃなくて!

さて、赤ちゃんが生まれて5ヶ月が経ちました。

わたしもおばあちゃんと呼ばれることに馴《な》れました。さあさあ、食事の時間です。あら、首が据《す》わったのでもう椅子に腰掛けられるのね！　離乳食には馴《な》れたかな？　今日のメニューはなんでしょう？　「離乳食は特別には作らないようにしているんですよ」と言いながら、お母さんがお盆に載せてきたものは……お豆腐とかぼちゃが入ったお味噌汁、そしてほうれん草と卵の入ったおじやです。思わず「おいしそう！」って言ったら、お母さんが「お母さんも召し上がりますか？」ですって。食べ終わったら、お散歩に行きましょうか。しっかり帽子をかぶってね。……「乳母車《うばぐるま》が好きなのね」「いろんな物が見えますからね。抱っこされるよりいいみたいですよ」「のそのそと道を横切った三毛猫を見て声をあげているわ」……。

やがて1年が経ちました。「1歳のお誕生日、おめでとう！」お祝いには行かれなかったけど、元気な様子で安心しました。もう歩き始めたんですってね。お母さんも、お父さんもスポーツが好きだから、きっとあなたも運動感覚がいいんでしょう。10ヶ月で歩き始めたんですものね。そうそう、「よくおしゃべりするんですよ」とお母さんがこの前電話で話してくれたけれど、あなたの身体はしっかりしてきたし、よく動いて、よく話すそうだから、なんにも心配ないわね。お誕生日のお祝いに、ウールで作ったボールと、木でできた船と、わたしが作った人形をおくったわ。もう届いたかしら？

真紀ちゃん、赤ちゃんが生まれてからの3年間は、あなた方にとって、まるで宝石のように輝く大切な大切な時間でしょう。でも夜中にお乳をあげるのは辛いでしょうね。おむつを取り替えるのも億劫《おっくう》でしょう。離乳食を作るのも面倒かもしれません。洗濯も毎日山ほどしなければならないでしょうか。あなただけの自由な時間は皆無かもしれません。でも無理をしないで、赤ちゃんと一緒の時間を楽しんでください。洗濯物が乾《かわ》かない梅雨の季節には、たまに紙オムツを使ったっていいじゃありませんか。市販の離乳食も、たまには赤ちゃんも気が変わって喜ぶかもしれませんよ。いいの、いいの。真紀ちゃん、完璧《かんぺき》なんて望まないで！　シュタイナーの言うことも、たまには聞こえないふりをしていいんですよ。「こうしなきゃいけない」「ああしなきゃいけない」なんて誰が言うんですか？　あなた方の赤ちゃんですもの、いいんですよ。あなたが良いと信じることをしたらいいんです。嘘《うそ》を言わない、不正義なことをしない、美しくいる……それだけで十分です。くれぐれも育児ノイローゼなんてならないでくださいね。

シュタイナーによる人生の7年周期（1）

21歳から27歳まで
「わたしは世界をどのように感じるか」

教育を立て直すには、教育の目標を見出すには、
わたしたちが自らの生き方を問い直さなければならない。
そう気付いて、人生の意味を、目標を、使命を求める人へ。
シュタイナーの説く「人生の地図」を共に学びましょう。
この時期は「自分の力と可能性」を探し始める季節です。

「結婚して子どもが生まれても、子どもをどうやって育てたら良いか、分りませんでした。そんな時、シュタイナー教育に出会い、学んでいるうちに、シュタイナーの思想は子どもの教育だけではなく、わたしたち大人の生き方を示してくれるものだと分りました。子どものために、と思って学び始めましたが、今はわたし自身のためにシュタイナーの思想を学びたいと思っています。子どもがどんなプロセスを経て成長するのか、ということは分りましたが、大人になってからはどうなのでしょう。わたしが大人としてどんな生き方をしたらよいか、シュタイナーが示していることを知りたいのです。子どものためだけではなく、いえ、子どもを育て教えるためにも、わたし自身がより良く生きたいと思います。そのためにシュタイナーの思想を学びたい、と思うようになりました」

昨年1年の間、この講座でご一緒に学んでいる方々から、このようなお手紙をたくさんいただきました。わたしがこの講座を始めた動機は、まさにそのことでした。子どもを育て、教えるわたしたち大人が「生きる目標を持ち、それを遂《と》げるために努力する」ことを土台にしなくて、何に依《よ》って子どもを教育することができるでしょう。今、「教育は崩壊してしまった」と言われるほど酷《ひど》い状態になってしまったのは、わたしたち大人が生きる意味を見出すことができず、目標を持てないまま子どもを育て教えているからなのだと、わたしは考えています。ですから「教育を立て直す」「教育の目標を見出す」ためには、わたしたち自身が自らの生き方を問い直さなければならない、と考えていました。子どもを教え、育てることを真剣に考えている方々に出会いたい、共に努力してゆきたい、と考えて始めた通信講座でした。そうして、わたしの願いが聞き届けられ、高い志を持った皆さまと出会うことができたのです。そのことをわたしはどれほど嬉《うれ》しく思い、感謝しているでしょう。そしてまた、そのような動機を持たれた皆さまに、わたしは深い畏敬《いけい》の念を覚えるのです。

今までも何度も皆さまにお伝えしましたように、わたし自身も子どもをどう育てようか、と考えあぐねるうちにシュタイナー教育に出会いました。そして皆さまと同じように、子どもの教育を考える前に、わたし自身がどう生きるかを考えなければならないと思い至ったのです。もう避《さ》けては通れない、もう知らんぷりはできない、一日もぐずぐずしてはいられない、と思いました。そうして学び始めたシュタイナーの思想は、とても深く、広く、高くて、難しく感じられるものでした。けれど、根気よく、少しずつ学んでゆくうちに、確かな手応《てごた》えを感じるようになりました。わたしにとって、彼の思想は大変複雑で難しいものでしたが、学んでゆくうちに、シュタイナーはその思想をただわたしたちに押しつけようとはせず、それを生きる道をも示してくれているということも知りました。農業、医療、芸術、教育、建築、経済など……わたしたちが生きるために必要なすべてを、彼は具体的に示してくれていました。わたしがシュタイナーに惹《ひ》かれたもっとも大きな要因はそこにあります。

シュタイナーが具体的に示してくれた多くのことの中でも、ルドルフ・シュタイナー・カレッジの基礎コースで学んだ、「人生の7年周期」の考え方は心打たれるものでした。「わたしたちの身体の全細胞がほぼ7年ごとに入れ替わるように、人生も7年の周期で大きく変わる。それはわたしたちが経験したことがほぼ7年経ってようやく自分の在り方に、特に心の感じ方に現れてくるからである」とシュタイナーは言っています。わたしはルドルフ・シュタイナーによる「人生の7年周期」について深く学びたいと望みました。勿論《もちろん》わたし自身が人生の目標を遂《と》げるためにその大きな力になってくれるということを確信したからではありませんでした。が、それと同時に、いえそれ以上に、行くべき方向を見失って迷い、困惑しているであろう多くの同朋《どうほう》に、それを伝えたいと思ったのです。そして、特に困難の中で子どもを育てているお母さん方が、生きることに、子どもを育て教えることに、希望と熱意を見出すことができるような手助けをしたいと強く願いました。けれど、それを学ぶための特別なプログラムは、当時ルドルフ・シュタイナー・カレッジにもアメリカの他の人智学共同体にもありませんでした。各地で時折開かれるワークショップや講座に出かけ、勉強を続けてはいましたが、わたしは深く学ぶ機会に巡り会うことはできませんでした。

そうこうしている間に、それを専門としてイギリスで学んだリー・スタージェンデイとの運命的な出会いがありました。出会ったその1時間後に、学んだことを教えてくれるよう、わたしは彼女に頼んでいました。彼女はまたすぐに「わたしが学んだこと、体験したこと、すべてを伝えるわ」と快く言ってくれました。それから彼女は時間と労力を少しも惜しまず、丁寧《ていねい》に、根気よく教えてくれました。こうしてわたしは幸運にもサクラメントにいたまま、「人生の7年周期」について、彼女から実に深く学ぶことができたのです。それはわたしが想像していた以上に、深い叡智《えいち》と大きな示唆《しさ》に富んだものでした。わたし自身の生き方を考える上では勿論のこと、親しい友人の、そしてその頃カレッジで共に学んでいた学生たちの行く方を考える時にも、大きな助けとなりました。けれど、何にも増してわたしの心を強く揺《ゆ》り動かしたことは、「人生の7年周期」を共に学びながら、リーとわたしがお互いの人生を分かち合い、共有し、素晴らしい時を共に過ごすことができたということでした。彼女と共に学んだ時間は、わずか3年半でした。本当に短い時間だったはずなのに、彼女とわたしは生まれた時から、いえ、それ以前から長い年月を共に生きてきたような気がしてなりませんでした。お互いの生きてきた足跡を共有して、わたしたちはこの先も共に生きてゆく運命を感じたのでした。たとえ、互いの身体は遠く離れることになっても、わたしたちは「いつでも、どこにいても己の精神の進化を遂げることによって、隣人の、ひいては人類全体の精神の進化を遂げる」という使命を、共に担《にな》っていると確信しました。共に学んでいたその3年半の間に、その確信が二人の内に生まれたのでした。

今、リーはアリゾナに移り住み、生まれたばかりの新しい人智学共同体（ルドルフ・シュタイナーの思想を学び、生きようとする人たちの集り）で、素晴らしい働きをしています。そうして日本に帰って来たわたしは仲間と共に「ひびきの村」を始め、シュタイナー学校で働き、皆さまと共に学び、その傍《かたわ》ら「シュタイナーによる人生の7年周期」のワークショップを、わたしのライフワークの一つとして続けています。リーも今ごろアリゾナで、きっと同じ仕事をしているに違いありません。

「シュタイナーによる人生の7年周期とは」

「運命とは、人生の中で同時に成長する二つの要素の結果である。その一つは人間の魂《たましい》の深みから流れ出すものであり、もう一つは世界から人間に向かってやって来るものである」……ルドルフ・シュタイナー

春になりました。鳥の声に誘われて窓を開けて外を見ると、青い空にうらうらと雲が浮かんでいます。家の中に目を戻すと部屋が急に薄暗く感じられて、あなたは無性《むしょう》に外へ出たくなりました。「どこに行こうかしら？」……中学の同級生だった友人から、暫《しばら》く前に転居通知をもらったことを思い出しました。「会いたいな！　彼女の新居はたしか隣町だったたは

ずだわ。こんな日に歩いて行ったらどんなに気持がいいでしょう！」

こんな時、あなたはどうなさいますか。勿論《もちろん》、まず彼女に電話をして都合を訊《たず》ねるでしょうね。そして訪ねることになったら、彼女の家がどこにあるか聞きますね。そして彼女の説明を聞きながら、地図を描くでしょうか。その時きっと彼女は目印になる建物や商店、郵便局、学校、あるいは川や橋などを教えてくれるでしょう。分りにくい場所でしたら彼女が地図を描いて、それをファックスで送ってくれるかもしれません。さて、地図を見る時、あなたはどんなことに注意しますか。まず、地図の上でご自分の家がどこに在るか確認し、それから目的地である友人の家を探して、自宅から彼女の家までの道のりを確かめますね。そうですね、わたしたちが出かけようとする時は、先ず行く場所を決めますね。それからその場所の位置を確かめますね。次に自分のいる場所を確かめ、そして自分のいる場所から目的地へ行く道のりを確かめるでしょう。

また今仮に、あなたは見も知らない場所に出かけて来たと考えてください。そしてさんざん道に迷ってしまい、今どこにいるのかさえ分らなくなってしまいました。さてこの苦境から、あなたはどうやって脱することができるでしょうか。そうですね、手許《てもと》に地図がありましたら、地図を広げますね。そして、出発した地点を探し、そこから歩いてきた道をたどって、あなたが今いる場所がどこであるか確かめるでしょう。それから地図の上で目的地を探し、どのような道筋をたどったら、ご自分が今いる場所から、目的地へ行き着くことができるか確かめるに違いありません。

わたしたちが人生の道半ばで迷う時も、同じようなことをするのではないでしょうか。歩んできた道をもう一度振り返り、学んだこと、得た力、あるいは失ったもの、逃がしたチャンスなど……思い起こすことによって、今までのわたしの人生の中で何があったか、そしてその時々のできごとがわたしの人生にとってどんな意味があったのかと考え、その意味を認識することができるでしょう。そして、すべてのできごとが今わたしがいる状況をつくったのだ、体験したすべてのことによって今のわたしが創られたのだ、出会ったすべての人がわたしを導いてくれたのだということを理解するでしょう。そして、改めて今いる自分の立場や状況、位置をしっかり認識することができるのですね。そうすることによって、また、もう一度生きる目標を考え、確かめることができるのではないでしょうか。そして、目標を定めた時にこそ、わたしたちははじめて人生を見通すことができ、目標に向かって歩むこれから先の道筋を発見することができるのではないでしょうか。そして、その道を歩むための知恵や力を、どうしたら獲得することができるか、考えるでしょう。それができた時、わたしたちは再び歩き出すことができるにちがいありません。

ルドルフ・シュタイナーが洞察《どうさつ》した「人生の7年周期」の考え方は、わたしたちにそういうことを促すものだとわたしは考えています。つまり、「人生の7年周期」の考え方は、わたしたちが「何のために生きるのか」、を理解させてくれます。そして人生の目標を見定める助けをしてくれ、今自分がいる位置を示してくれます。そしてその上で、目標に行き着くために歩く道筋を明らかにしてくれるのです。こうして生きることの意味を理解することができた時、あなたはあなた自身の人生を、そして世に在るすべての人の人生を肯定することができ、そしてご自分を、人を、世界を愛することができるようになるに違いありません。人生を意味あるものにしたい、生きる目標を確かめたい、使命を知り、それを成し遂げたいと願い、生きることを今真剣に考えておいでの皆さまの前に、ルドルフ・シュタイナーの説く「人生の7年周期」の考え方は道を示し、その道に必ずや明るい光を投げかけてくれることを、わたしはわたし自身の体験をとおして、強く確信しています。

「わたしたちの人生は何年?」

わたしたちの暮らす日本は高齢化社会となりつつあります。そして多くの人がそのことを不安に感じています。１９９８年度の厚生省の調査によりますと、平均寿命は女性が84歳、男性が77歳ということです。そして今、日本の総人口の6人に1人が65歳以上であり、50年先の2050年には総人口の3分の1が65歳以上になると見通されています。このように、今わたしたちは80歳、90歳までも生きることが可能になりました。

けれど、シュタイナーの洞察《どうさつ》によると、わたしたちの人生は63歳で完結し、それ以後の人生は運命から解き放たれて生きることができる、いわば「人生の贈りもの」である、と言われています。勿論、わたしたちの周囲には、63歳以後もはつらつと仕事を続けている人もいます。新しいこと、困難と思われることを始める人もいます。ただ63歳以後にも仕事を続けている人に共通して言えることは、いずれにしても、彼らは名誉や地位、そして金銭を得るためにしているのではないということです。勿論、例外もあるでしょう。けれど、少なくともその中の多くの人は物質的な欲望を満たすため、あるいは世俗的な評価を得るために仕事をしているのではありません。つまり、今彼らはこの世の価値観に縛《しば》られることのない、自由な生き方ができるようになっているのです。けれどそれを可能にするためには、わたしたちがそれ以前の人生で、自らの運命を全うすることができていなければなりません。それができてはじめて、63歳以後のわたしたちの人生は自ずと、真と善と美に満たされた贈りものになるのです。さて、63歳以前の人生をどのように生きたら、そのような晩年が迎えられるのでしょうか。そして、この世に生まれてくる前にわたしたち自身が決めてきた使命を十分に果たし、満足して死んでゆくことができるのでしょうか。そのためにわたしたちは今、どのように生きたらよいのでしょうか。……一つの道しるべとして、ルドルフ・シュタイナーの考え方を学ぶことにいたしましょう。

ルドルフ・シュタイナーが説く「人生の7年周期」の考え方は、わたしたちの人生を72年と考えることから始まります。かれはなぜ人生を72年と考えたのか……これからその根拠をお話しいたします。

わたしたちは生まれたその瞬間から、呼吸を始めました。そして、それ以来絶え間なく呼吸を続けています。呼吸の平均回数は1分間に約18回です。1

時間にすると1080回、1日にすると25920回になります。さて、驚いたことには太陽が黄道《こうどう》を一巡する（360度）ために要する時間は25920年、まったく同じ数字なのです。つまり太陽がこの宇宙を巡《めぐ》る時、1度動くために72年かかっているのです。このことから25920という数字はひとつの区切りと考えられ、人間の寿命を25920日とする考え方が生まれました。そして25920日は約71年、昔の人の年齢の数え方では72歳なのですね。人間の身体の細胞はほぼ7年ごとに変るということは皆さまもご存知のことでしょう。そして、シュタイナーはさらにこうも言っています。「わたしたちが体験したことは、7年経った頃にわたしたちの心の在り方を決定する力となる」と……。このような視点から「人生は7年周期で大きく変化する」と彼は考えました。けれどこの考え方は独自のものではなく、日本でも古代から、人々は「7年」という年月を意味あるものと考えていました。七五三の祝いも、15歳（満では14歳）の元服も、7年を基にした考え方です。日本だけではなく、世界中のいたる所で「7」という数を基にした考え方の文化が見られます。

さて、2年目のこの講座では、子どもの成長と発達を7年ごとに追い、集中して学ぶ形をとりました。それと同時に、わたしは皆さまとご一緒に、子どもの成長を助けるわたしたち大人の人生についても深く考えたいと思いました。わたしたちは一般的に、生まれてから21歳までの間はありとあらゆる機会に学び、多くのものを与えられ、それを受け取り、成長します（勿論、世の中にはさまざまな事情があり、それ以前に社会に出て与える側に立つ人もいます）。その間に人間として基本的な身体を作り、生きてゆく力を獲得します。そして同時に、わたしたちの内に「意志」と「感情」と「思考」の力が養われます。そうして21歳になった時、わたしたちの内で自我が確立し、人間として生きる道を、一人で歩み始めるのですね。

生まれてから21歳までの間の成長の段階については「子どもの成長段階」の項で、1年をかけて丁寧《ていねい》に学びたいと考えています。そこで、この項では21歳以後のわたしたちの人生の意味を、シュタイナーの「人生の7年周期」の考え方に従って、7年ごとに分けて学んでゆきましょう。

「21歳から27歳までの人生は?」

人間は21歳まで周囲の人に助けられて成長します。食物を摂《と》り、運動し、休息して（睡眠をとって）身体をつくります。神経組織、感覚器官（頭部）、呼吸器、循環器（胸部）、新陳代謝《しんちんたいしゃ》（腹部）、そして四《し》肢《し》が発達して、人間として生きるための身体の機能を完成させます。同時に、わたしたちの内には「意志」と「感情」と「思考」の力が育ちます。こうして周囲から保護され、助けられ、教えられながら成長し、21歳になった時、わたしたちの内で「わたし」という認識、つまり「自我」が生まれます。いよいよ、さまざまなことを自分で選び、決定し、自分の人生を生きるようになるのですね。

ルドルフ・シュタイナーはこの時期を「感情の魂《たましい》」と呼びました。つまり、この頃わたしたちは「わたしは世界をどのように感じるか」ということを常に問題とするようになると言うのです。あなたは覚えているでしょうか。十代の思春期の頃、わたしたちは「人がわたしをどのように感じているか」ということをいつも気にしてはいませんでしたか。自我が十分に育っていなかったわたしたちは「自分が世界を、人をどう感じるか」ということより、「自分が人にどう思われているか」ということの方が大問題でした。そして友人の何気ない態度に深く傷つき、母親のことばに強く反発し、先生の表情に心の底から嫌悪を感じて、生きていることをとても辛く感じていました。けれど21歳になった時、自我はわたしたちの内で大きな力を持ち始めます。そして、わたしは「わたしが世界をどう感じているか」ということを問題にすることができるようになるのです。21歳を過ぎても「自分が人にどう思われているか、人はわたしをどう考えているか」、ということばかりを気にしている人がいますが、そういう人の内では未だに自我がしっかりと確立されていないのでしょうか。

かく言うわたしも20代の頃は「人にどう思われるか」と、いつも気にかけていたように思います。

「人にどう思われるか」を気にかけるのは止めよう！　そして「わたしがどう感じているのか」を大事にしよう！　と、わたしがはっきり心に決めたのは、44歳の時でした。その時のことは今でも覚えています。

わたしはその頃、サクラメントのシュタイナー学校で6年生のアシスタント教師として働いていました。アシスタント教師と言っても、身分もはっきりしない、勿論《もちろん》お給金は出ない、仕事の内容も定かではない……不安定なものでした。ルドルフ・シュタイナー・カレッジのシュタイナー学校の教師養成コースを卒業した後、わたしはどうしても次郎の担任のパトリック・ウェークフォード・エヴン氏について学びたいと思っていました。カレッジで学んでいた2年の間、パトリックとは次郎の親として関わり、また教育実習をさせてもらい、シュタイナー学校の教師としてすべきことを彼から学びたいと、わたしは強く望んだのでした。彼は一人の人間としてさまざまな困難や弱さを抱えていました。そして、それを抱えながらシュタイナー学校の教師として日々、励《はげ》んでいるのでした。教育実習をしていたある日、校庭に出て遊んでいる子どもたちの姿を見ながら、パトリックとわたしはアメリカン・リヴァーから吹き上げてくる、冷たい風の中で佇《たたず》んでいました。パトリックはコーヒーを啜《すす》りながら長い間黙っていました。その朝のメインレッスンの時間、何度注意しても席を立ち、教室の中をウロウロ歩きまわっていたショーンを、彼は怒鳴りつけ、廊下に出してしまったのでした。

「ユーコ、わたしはつくづく欠点の多い人間だと思うよ。努力はしているんだけどねえ……負けてしまう。いつになったらいい先生になれるんだろう」

「今でもあなたはいい先生よ。子どもたちはあなたを権威として、心から尊敬しているわ。欠点を持って、弱さを抱えて、それでも権威であろうと努力しているあなたの姿が、子どもたちにとっては立派な権威なのよ」

パトリックはわたしにとってもそういう人でした。そしてわたしは子どもたちと同じように、心から彼を尊敬し、慕《した》っていました。わたしもまだ多くの困難と弱さを抱えて生きている人間でした。困難に負け、弱さに引きずられて生きていました。だからこそ、わたしは彼について学びたいと思ったのです。

それから1年が経ちました。小さな会議室のテーブルを挟《はさ》んで、わたしはパトリックと向き合っていました。1週間前から任《まか》されていたメインレッスンがうまくいかず、わたしはすっかり気落ちしていました。

「ユーコ、あなたは大事なことを忘れているんじゃないかな。あなたの授業で子どもたちが何を学んでいるか、と考えるよりも、子どもたちがあなたの授業をどう感じているか、ということに気を取られているようだね。子どもたちはわたしの授業を気に入っているだろうか、面白いと感じているだろうか……そんなことばかり気にしているように見えるよ」

「……」

「子どもたちがどう感じているか、なんていうことはどうでもいいんだ。大事なのはあなたが世界をどう感じているか、なんだよ。だって、あなたはそれを子どもたちに伝えているんでしょう？　それだけをはっきりさせたらいい！　そして、それを受け取っている子どもたちをあなたがどう感じているか、そのことを考えなさい」

わたしは返すことばがありませんでした。まったくそのとおりでした。わたしはいつでも「わたしの授業を、子どもたちはどう感じているかしら？」と気にかけていました。彼らの気に入るような、彼らが喜ぶような、彼らが面白がるような授業をしたいと考えていました。授業だけではありません。わたしはいつでも、「人がわたしをどう思っているか」ということばかりを気にかけていました。そんなことはもう遠の昔に分っていたはずなのに……

それはわたしが長男の一郎を産み、育てている時に、思い知らされたことでした。わたしは息子が生きるために必要な力を得ることを助けるよりも、わたしが人に「良い母親だ」と思われることの方を大事にする生き方をしていました。そんな時、彼の生命の輝きを見せられて、わたしの生き方が、彼の生命の力を削《そ》いでいる、彼が生き生きと生きることを妨《さまた》げているのだ、ということを悟《さと》らされたのでした。

そしてそれ以来、「人にどう思われるか」ということを気にかける生き方は止めよう、とわたしは心に決めたのでした。そしてシュタイナーの思想に出会ったのでした。

アメリカに来て2年間、一心にシュタイナーの思想を学び、その後、学んだことを実践する仕事をしてきたのに、15年前に気付いて克服しようと努力してきたはずの、わたしの弱さはまだまだ残っていたのでした。そして、わたしがもっとも尊敬し、慕《した》っている恩師にそれを指摘されたのでした。わたしは彼に指摘された事実に打ちのめされながらも、その時「これから一瞬たりともそのことを忘れずに生きてゆこう」、と心に固く思い定めていました。そうしてそれから10年が経ちました。

勿論《もちろん》、今でもわたしは「人がわたしのことをどう思っているか」ということをまったく気にかけない、ということはありません。けれど、それを「気にしているわたし自身の在り方」には気づくことはできます。そして気付いた時には「人がわたしをどう感じているか」より、「わたし自身がどう感じているか」をはっきりさせよう、それをまず大事にしよう、と考えることはできます。すると、「人がわたしを（その人とわたしが共に向き合っている問題を）どう感じているか」ではなくて、「どう感じているか」ということにも思いが及び、自分自身の思いと同じように、彼の、彼女の思いを大事にすることができるようになりました。

パトリックに指摘されてから5年が経ち、わたしはリー・スタージェンデイと出会って、シュタイナーの「人生の7年周期」の考え方を学びました。もし、わたしがもっと前にそれを学んでいたら、もっと早くその認識を得ることができていたら……。「人がわたしをどう感じているか」ということばかり気にして、人も自分も苦しめることもなかったのに……とその時思ったのでした。それでも、わたしは学ぶべき時に、教えてくれる人に出会い、学ぶことができたのだ、と確信しています。その前でも、その後でもない、その時こそが、わたしが学ぶ時だったのだ、と心から感謝しているのです。

「シュタイナーはわたしの背中を押してくれる」

ルドルフ・シュタイナーはこんなふうに、いつでもわたしの背中を押してくれます。わたしがわたし自身の人生を生きられるように……。「あなたは今、人生のこんな時期にいるんだよ。あなたの内にはもうそれができる力が具《そな》わっているんだ。だから、怖《こわ》がらないで、後退《あとずさ》りしないで、勇気を出して『する』と決めなさい。そうしたら、必ずできる」と……。

さて、この通信講座で共に学んでくださっている方々の中には、今まさに、21歳から27歳のこの季節を生きている方がいらっしゃることでしょう。そう、あなたは今、学びの場、受け取る立場を卒業して、今まで学んだことを生活の中で、また仕事の中で試みることができるようになったのです。今あなたはあなたが生きている現実の世界の中で、今まであなたが掲《かか》げていた理想が形作られていることを体験しているのではありませんか。あるいはその理想が過酷な現実によって壊《こわ》されていることを、あるいは現実の中で生きている人々によって、あなたの理想が歯牙《しが》にもかけられずに見捨てられていることを体験しているのではありませんか。そして、期待と夢を持って歩き始めた世界に、あなた自身を認めてもらえなかったり、受け入れてもらえないという体験をしているのではないでしょうか。

そんな今、あなたはどうなさっているでしょう。落胆《らくたん》して、絶望して、あなた自身が掲《かか》げた理想とは正反対の行動をとったり、正反対の在り方をすることがありはしませんか。こんな時、人はドラッグに走ったり、暴力を振るったり、セックスに溺《おぼ》れたり、無気力、無感動になってしまうことがあるのですね。そして、悲しいことに、このような状況の中で自殺する人も多いのです。わたしの友人の一人息子であり、一郎の同級生でもあった人も、この季節を乗り越えられずに生命を絶ってしまいました。5年前の暑い夏の朝のことでした。

けれど、わたしたちの自我はまた、わたしたちの在り方に反対するものに出会うことによって、成長への道を歩むこともできるのです。ですからどうぞ絶望せず、投げやりにならず、逃げ出さず、ご自分の可能性を試みてください。そしてご自分の中にある光を探してください。その光の中でどんな仕事も受け入れ、どんな事でもやり遂《と》げることができる力を獲得してください。あなたは今、「成功からよりも、失敗からの方が学ぶことが多い」という経験をなさっているのです。あなたは人生のそういう時期に生きているのです。

シュタイナーはまたこの時代を、「怒りが大きな役割を担《にな》う」とも言っています。つまり、大きな理想を掲げて世界に歩みだしたあなたは、その理想が現実の世界で理想たり得ないということを体験し、「怒り」を感じます。けれどその「怒り」を通してわたしたちはまた、「理想」に強く惹《ひ》かれるようにもなるのです。そうです。理想を打ち砕《くだ》かれた今こそ、理想をもう一度高く掲げて歩み出すチャンスなのです。「怒り」に負けず、「怒り」に促《とら》われず、「怒り」を「力」に変えるのです。今あなたはそれができる、いえ、それをしなければならない季節にいるのです。

またこの頃、わたしたちは精神的にも、体力的にも、金銭的にも自立を迫《せま》られますね。21歳を過ぎるとわたしたちはもはや両親からの金銭的な支えも受けられず、その上両親から受け継《つ》いだ力（遺伝の力）も消えてしまいます。そして精神も、心も一人であることを思い知らされる出来事をつぎつぎに体験します。けれどわたしたちはこの時にこそ、それに代わる力を自分自身の手で獲得しなければなりません。「支え」を失い、「支え」を恋しがる一方、あなたの内で「自立しよう」「自立したい」という衝動も、きっと生まれていることでしょう。そしてこんな時にこそ、「わたしは何なのか」という自我に対する強い問いが生まれ、その問いに対する答えを渇望《かつぼう》するのです。だからこそ、今「わたし自身の力と可能性」を探し始めるのです。いいえ、どうぞこの機会を生かして、ぜひ、ご自分自身を探し当ててください。

1日、1年の中にリズムがあり、相応《ふさわ》しい過ごし方があるように、人生にもそれぞれの時期に相応しい過ごし方があるのですね。今この季節の中にいる皆さま、どうぞ、ここでしなければならないことを成し、人生の次の段階に進んで下さい。心より祈っております。この時期を過ぎている皆さま、もしあなたがわたしのように、この時期にしなければならないことに気が付かず、やり残したことがあったとしても、後で必ずもう一度、それに向き合う機会は巡《めぐ》ってきます。後になればなるほど、より困難にはなりますが、その時はどうぞ、勇気を出して向き合って下さい。そうすれば、今の生活が、そしてこれからの人生が、より良くなるはずです。どんなことをするにも遅すぎるということは決してありません。いえ、もしかすると、今が「その時」なのかもしれませんよ。

8月号では、28歳から35歳までの人生の折り返しの季節について学びます。楽しみにしていて下さい。

わたし自身を知るための６つのエクスサイズー１

思考の力を鍛える

**これまでの１年間、植物の観察を通して目覚めた意識を
眠らせてしまわないために、
シュタイナーが精神的に成長するために示してくれた
基本的な「６つのエクスサイズ」を始めます。
今回は「思考」の力を、「爪楊枝《つまようじ》」で訓練しましょう。**

昨年1年間、わたしたちはわたしたちの身近にいる子どもたちを知るための訓練を積みました。それはゲーテが示した自然観を学ぶことによって、彼自身が獲得した自然に対する認識を、わたしたち自身のものにする作業でした。それによって、わたしたちは植物の内に在る、

●「まったく相反する異なった二つの性質（極）」

●「植物がたどるすべてのプロセスは、完成に向かってのものである」

という認識を獲得することができました。また、さらに、

●「植物は成長するプロセスの中で飛躍する」

ということをも認識することができました。

そして、植物の観察をとおして認識した法則は、また子どもたちの成長するプロセスの中にも働いているということに、わたしたちは気付きました。そしてさらに、わたしたちは植物の中にそれらの真実を認めることができても、子どもの内には容易に認められない、というわたしたちの態度にも気付かざるを得ませんでした。それは、わたしたちの感情、

つまり子どもに対する期待、先入観、押しつけ、評価など、つまり「反感」と「共感」に妨《さまた》げられて、子どもをあるがままに見ることができにくいからだ、ということに気が付いたのでした。

こうして「植物をあるがまま見る」訓練を積むことによって、わたしたちは子どもたちを「あるがまま見る」ということを促《うなが》されたのでした。このプロセスは、また同時に「わたし自身の在り方」を認識するプロセスでもありました。つまり、わたしたちは子どもたちをそのまま見ていない、物事をあるがままに見ていない、「自分自身の在り方」に気付かざるを得ませんでした。そのことに気付いたわたしたちは、植物を観察することによって、子どもたちを、そして世界をあるがままに認識する訓練を積んできたのです。それによって先入観、自分の価値観、体験、思い出、空想、知識などを以て、世界に対峙《たいじ》していた自分自身を変えたいと願いました。そして植物の観察をすることで、自分自身を変える努力を続けました。少なくとも、それ以前には気付かなかった、或《ある》いは気付いていても知らぬふりをしてきた、そういう自分の在り方に目覚めたのです。このようなプロセスを経て、今2年目を始めようとしています。せっかく芽生えた、自分自身に対する目覚めた意識を眠らせず、さらに明るい意識を持つことができるように、わたしは2年目の今年も、皆さまとご一緒にこの訓練を続けたいと考えています。

ルドルフ・シュタイナーは、わたしたちが内的に（精神的に）成長するために、さまざまな練習（修行）を示してくれました。そのうちの最も基本的なものの一つに「６つのエクスサイズ」と呼ばれるものがあります。昨年、わたしたちは世界をありのまま認識するための訓練をしました。今年は自分自身を認識するための訓練をいたしましょう。人は得てして他人のことはいろいろ気付くものですが、自分の姿を見ることは本当に難しいものです。人は自分の身体の一部分を見ることはできますが、全身を見ることは物理的に無理なのです。ましてや、自分の身体の後部を見ることはまったく不可能です。わたしたちが自分の全身を見たいと思う時には、自分の姿を鏡に写し、それを見なければなりません。また、後ろ姿を見たい時には鏡を二枚、三枚使って辛《かろ》うじて見ることができます。ことほどさようにわたしたちが自分自身の姿を見ることは難しいことなのです。そのことから推《お》しても、外見の姿だけではなく、わたしたち自身の内的な在り方を知ることもまた同じように難しいことなのだと、思い知るのです。けれど、落胆することはありません。なぜならシュタイナーは自分自身の内的な在り方を見る方法を、わたしたちに示してくれたのです。そのうちの一つが、今日から皆さまとご一緒に始めたいと考えているものです。

「真に人として生きるために……」

この講座で、昨年ご一緒に学んでくださった皆さまは、ルドルフ・シュタイナーの基本的な人間観をご自分の認識にされたことと思います。わたしたち人間の内には「思考」「感情」「意志」の三つの力が具《そな》えられているということを学びました。そして、それらはわたしたちに、「考えること」「感じること」「行うこと」を促します。わたしたちは日覚めている間は常に、考えたり、感じたり、行為していますが、それらはわたしたちの内にあるこれらの三つの力によるものなのですね。ですから、この三つの力は人間が生きるための最も根元的な力だと言えます。

このことから考えますと、教育とはこの三つの力が子どもたちの内でバランスよく育つように助けることだとも言えます。明治維新以来日本で行われてきた教育は、「知育優先の教育」でした。（日本の古来の教育では「知情意」、つまり「思考」「感情」「意志」の力を育てることを目標として教育がなされていましたのに、物質主義が生み出した経済最優先の価値観が、今の偏《かたよ》った教育観を生み出したのでしょうね）その傾向は第二次世界大戦以後ますます強められ、学校では子どもたちにできる限り……多くの知識を教え込む、そしてそれを覚えさせる……教育がなされてきました。（日本では今ようやく教育の在り方が考え直されつつあり、いわゆる知育優先の教育を見直そうという動きがありますね）

このような教育を受けてきたわたしたち大人は、今どのように生きているでしょうか。……多くの人が世界をあるがまま認識する「真の思考」をすることができません。世界を感じる心を持っていません。ですから、本来の「行為」、すなわち「考え」「感じ」たことを「する」こともできません。……わたしたちは人間として真に生きること、つまり自分で「考え」「感じ」「行う」ことができないようになってしまったのです。

その事実は、今さまざまな社会現象の中に、皆さまもはっきりと見て取ることができることと思います。……日本の政治を司る責任ある重要な役割を担《にな》うべき人が、その役割を権力と取り違えて、自分の利益を得るために利用する。地方行政を預《あずか》る者が、負わなければならない重大な責任を権力と考え違いをした挙《あ》げ句、そばで働く女性を侮蔑《ぶべつ》する行為に及ぶ。気に入った女性を自分の思うとおりにしたいために、ありとあらゆる卑劣《ひれつ》な行為を繰《く》り返し、その果てにその女性を危《あや》める。莫大《ばくだい》な資本を持った者が、さらに自分の財産を殖《ふ》やすために貧しい者から取り上げ、彼らの生命を脅《おびや》かす。労働をしない者が、弱い者に過酷《かこく》な労働を強いてその利益を搾取《さくしゅ》する。実体のない（労働によらない）証券を売買することで莫大《ばくだい》な利益を得る者がいる。そして彼が世界の経済を牛耳《ぎゅうじ》る……これらのことが当たり前のように行われているのは、わたしたちが真に世界をあるがまま思考し、世界をあるがまま感じ、考え、感じたことを世界に向かって行為することができないためだと、わたしは考えるのです。これはわたし自身を含めた、世界中の多くの人々の問題です。もし、わたしたちが今世界を、そして世界に起きていることを真に思考する（認識する）ことができたら、わたしたちの内にある真の感情が働き、世界中の悲しみや憤《いきどお》り、苦しみを自分のものとして感じないではいられないでしょう。真の感情の力は、世界中の困難の中に在る人の飢《う》えや渇《かわ》きを、わたしたち自身の嘆《なげ》きとする力になるはずです。そして、その困難を取り除くために必要なことをするでしょう。わたしは今、真の思考ができないが為に、世界で起きている貧困や病苦を認識することができず、だからわたしの感情はその悲しみや苦しみを感じることがなく、だから何の行為も起こさず安閑《あんかん》としているのです。

わたしたちが真に人として生きるためには、つまり「愛を行う」「愛に生きる」……「自分よりも他者を大切にし、その他者に帰依《きえ》する」……ことを人生の目標にしようとするならば、わたしたちは、真の「思考」と「感情」と「意志」の力を、わたしたちの内に獲得しなければなりません。

世の中にはすでにその力を具《そな》えていて、愛に生きている方々がいらっしゃいます。わたしは一日も早く、「思考」と「感情」と「意志」の力を身に具《そな》え、その方々の後に続きたいと願っています。もし、皆さまがそうお考えになりましたら、今日から、シュタイナーが示したその力をつけるためのエクスサイズをご一緒に始めませんか。

「思考のエクスサイズ」

さて、あなたの身近にある、人の手によって作られたものを探して下さい。できる限り簡単な物がいいですね。たとえば「爪楊枝《つまようじ》」とか「針」とか「スプーン」のような形も作り方も単純なものほどいいのです。

わたしは「爪楊枝」選びました。では始めます。このエクスサイズは三つのやり方があります。一つずつ順にしてゆきましょう。

エクスサイズ　1

「爪楊枝」をよーく見て下さい。植物の観察をした時のように、よーく見て下さい。

・それは棒状である
・長さは6センチメートル
・直径は2ミリメートル
・片方の端《はし》が鋭く尖《とが》っている
・もう片方の端は球の一部のようになっている
・その球状の部分はうす茶色
・球状の端から2ミリメートルの所に1ミリメートル幅の溝《みぞ》がある
・そこから更に3.5ミリメートルの所に、0.5ミリメートル幅の溝がある
・触ると全体がつるつるしている
・全体が白っぽいベージュ色

エクスサイズ　2

「爪楊枝」の本来の用途（物を刺す、歯の間に挟《はさ》まった物を取る）以外の使い道を考えて下さい。

・沢山つなげて暖簾《のれん》を作る
・モビールを作る
・絵を描いた小さな紙を貼りつけて旗を作る
・小さな弓を作り、矢にする
・模型の家を作る
・穴をあける時に使う
・糸でつないでコースターを作る

きっと皆さまは、まだまだ考えつきますでしょう。

エクスサイズ　3

この爪楊枝が作られた過程を、反対にたどって下さい。工場で大量生産される場合のことは、調べないと分かりませんので、ここではわたしが1本、1本手で作った場合を考えます。

・表面を滑《なめ》らかにするために布で拭《ふ》く
・球状に削《けず》った片方の端から2ミリメートルのところにナイフで細い溝《みぞ》をほる
・そこから3.5ミリメートルのところにもう1本、溝をほる
・片方の端を球状に削《けず》る
・そこを茶色の絵の具で塗る
・反対の端をナイフで細く尖《とが》らせる
・全体を直径2ミリメートル位の細さに削る
・枝の皮を剥《む》く
・柳の木の枝の細い先端の部分を6センチメートルに切る

いかがでしたか。この三つのエクスサイズをなさる時、あなたの内にどのような反応が起きましたか。えっ、これが思考のエクスサイズなの？　とお思いですか。ルドルフ・シュタイナーは彼が考案したエクスサイズについて、その効用を話したことがありませんので、次に書くことはわたしの考えなのですが、まず、1番目のエクスサイズは、その物をありのまま見る……つまり真の思考を導く正しい認識を得られますね。真の認識とはただ単に「細い」とか「小さい」とか「先が尖《とが》っている」というのではあり

ません。また「細くて頼りない」だとか「小さくて目に留まらない」だとか「先が尖《とが》っていて危ない」というような、わたしたちの考えを加えるのでもありません。ましてや「ふだん、わたしはあまり使わないから興味がないわ」「いくら小さい物でも使い捨てはいけないと思う」「先が尖っていて危ないから、子どもの手の届く所に置かないようにしなくちゃ」などと考えるのでもありません。なにか物を見た時、わたしたちは殆《ほとん》ど同時にこんな反応をしているのではないでしょうか。その習慣は、物をそのまま認識することの大きな妨《さまた》げになっています。このようなわたしたちの先入観、知識、反感、さらには共感をも沈黙させて、物事をあるがままに見る、その物をそのまま認識する……すなわち真に思考する力を得たいものです。このエクスサイズを続けている間に、きっとその力が具《そな》えられるに違いありません。

　エクスサイズ2は、「爪楊枝」を本来の用途以外で使うことを考えました。これはわたしたちの固定観念、つまり柔軟性のない思考を柔らかくし、一面的な考え方、決めつけ、先入観、固定観念を覆《くつがえ》してくれます。そして、物事は球のように３６０度の面を持っていて、どの点から見えることも真実である、ということを教えてくれます。ですから、あなたが見て認識したこと、すなわちあなたが思考したことが、あなたの友人のそれと異なっていたとしても、どちらも物事のあるがままを見、それを認識できているのなら、あなたの思考も、あなたの友人の思考も真の思考と言うことができるのです。

　エクスサイズ3もまた、わたしたちに柔軟な思考を促してくれます。わたしたちの日常的な思考は、前へ前へと進んでいます。つまり「リニアシンキング」と呼ばれるものですね。後には退くことができません。物を作ろうと思った時、わたしたちはその行程をはじめから考えます。それによって予定を立てます。そして材料を手に入れようとしますね。この「常に前に進む」考え方、生き方に対して、わたしたちは少しも疑問を感じることはありません。当然だと考えています。これはわたしたちがいかに一面的な思考の仕方をしているか、いかに一面的な生き方をしているか、ということを表しているのではないでしょうか。このエクスサイズもまた、わたしたちに柔軟な思考をする力を得させてくれます。なぜならシュタイナーは「精神界で起こることは、物質の世界とはまったく反対の仕方で起こる」と言っているのです。精神科学、あるいは人智学という精神科学に基づいたシュタイナー教育を学んでいるわたしたちにとってはまた、わたしたちが当たり前だと考えている物事の在り方、起こり方を、当たり前だとは考えず、他の可能性を考える訓練を積まなければなりません。このエクスサイズはその為に必要な力を与えてくれるものだと、わたしは考えています。

また、この思考のエクスサイズのように、これほど一つの物について集中して考えることをわたしたちは日常生活の中で殆《ほとん》どしていないのではないでしょうか。試しに、今あなたの目の前にある物、そうですねえ、ではこのブックレットについて3分の間、考えてみてください。ブックレットに書かれている内容についてではなく、この小さなテキストそのものについてです。さあ、始めてみましょう。……いかがでしたか？　3分間、まったく他のことを考えずに「テキスト」に集中できましたか。縦の長さ21センチ、横15センチ、厚さは0.8センチ。表紙は紫色で周囲は水色。タイトルは大きな文字で（ワープロやパソコンをお使いになっていらっしゃる方は、この文字が56ポイントだということがお分りになるでしょう。とにかくどんなことでも正確に、です）、他はそれより小さな字で書かれている。表紙の中央よりやや上方に（できたら物差しで計るといいですね）白色で長さ13.5センチの横線2本が入っていて、その間に free yourself for a better life と書かれている、というように、です。

どうでしょう？「ハッと気が付いた時には、ぼーっとしていた」とか「気が付いたら、今朝、子どもが幼稚園に行く前に、お腹が痛いと言っていたことを思い出して、どうしているかしら？　と考えていた」とか、「駅前のスーパーの朝のタイムセールに行かなくちゃ」……こんなことを、あれこれ思っていたということはありませんでしたか。

そうなんです。「わたしたちの考えは鬼火《おにび》のように、絶え間なくあちこちに飛ぶ」と、シュタイナーは言っていますが、まったくそのとおりだとお思いになりませんか。わたしたちは普段、1分と同じことを考えることができないそうですよ。勿論《もちろん》、大変なことが起きたり、難しい問題を解決しなければならない羽目に陥《おちい》って、しかも問題が込み入っている時には、集中して考えることもあるでしょう。けれど、そんな時にさえ、気が付くとわたしの思考の対象は、あちらへこちらへと動いていることがあります。ましてや、簡単なことには容易に集中できません。ですから、このエクスサイズをする時に対象とする物は、単純な物、あまり意味のない物、普段目に止まらない物、興味のない物を選ぶ必要があるのです。そうして、わたしたちの思考のパターンを破り、先入観を取り去り、知識を振り払って、新しい思考の力、わたしたちの生きる力となり得る真の思考を獲得するように努力したいものです。

皆さまも、是非始めてください。一人では長続きしないようでしたら、仲間と集っておしゃべりを楽しんでいる時、ふっと話題が途切れることがあったら、提案してみてはいかがでしょう。案外面白くて「はまってしまう」かもしれませんよ。

対象になる物は、同じ物を一週間くらい続けたらよいと思います。同じ対象物でエクスサイズを長く続けていると、すっかり馴《な》れてしまってエクスサイズをする意味が薄れてしまいますから、馴れてきたら、別な対象物を選んで下さい。そして、くれぐれも難しいもの、複雑なものを選びませんように。形、構造、製作過程が複雑ですと、途中で嫌になってしまいます。わたしはそんなことがよくありました。ご飯茶碗《ちゃわん》、箸《はし》、お椀《わん》、コーヒーカップ、ケーキ、クッキー、椅子、机、手編みのセーター、帽子……身の回りを見ると、シンプルな物はたくさんありますね。

このエクスサイズを次のブックレットが届くまでの2ヶ月間続けられたら、きっと皆さまの思考が瑞々《みずみず》しく、弾力性に富み、柔軟になっていて驚かれること間違いなし！、です。

8月号では「意志」のエクスサイズをいたします。楽しみに待っていてください。

治癒教育とは

「何が学ぶことを難しくしているのか」

シュタイナー学校で行われる治癒教育の基本的な考え方とは？
身体的な困難、アレルギー、気質の偏り、心の問題……。
子どもが抱える問題を整理し、何ができるかを考えます。

「授業がまったく成立しない」「子どもたちが学ぶことができない」「いったい子どもたちに何が起こっているのだろうか」……日本中の学校で先生方が首を傾《かし》げ、子どもたちに何か異変が起きていると気が付き始めました。そして、わたしたちの耳にも先生方の嘆《なげ》きや、子どもたちを危惧《きぐ》する声が聞こえてきて、子どもたちが学校で大変困難な状況に在るということを知るようになりました。それからもう2、3年が過ぎたでしょうか。「腰掛けていられず、すぐに椅子からずり落ちてしまう」「人の話を聞いていられない」「真っ直ぐに立てない」「気に入らないことがあると、直ぐに大声を出して喚《わめ》く」「難しいことは直ぐに投げ出す」「些細《ささい》なことで怒る」……

いったい子どもたちはどうしてしまったのでしょう。何が子どもたちをそうさせているのでしょう。わたしたちには子どもたち一人一人をよく見、子どものことばに耳を傾け、子どもたちに触れて、彼らが担っている困難を見極める役目があります。そして、子どもたちからその困難を取り除く、あるいは子どもたちが困難を克服するために手助けをしてあげなければなりません。

わたしが以前仕事をしていたサクラメントのシュタイナー学校にも、困難を抱えた子どもたちがいました。「文字が読めない」「文章が書けない」「リズムをとることができない」「計算ができない」「やる気がなくて学習することが困難である」「友達と遊べない」「嘘《うそ》をつく」……このような困難を抱えた子どもたちを助けるために、学校には治癒《ちゆ》教育を専門とする先生がいました。そして、困難を持っている子どもたちは、クラスメートが第二外国語の授業を受けている時や、オイリュトミーの授業やゲーム（小学校低学年では体育の授業はなく、代わりにゲームをします）、弦楽器などの授業を受けている時間に、彼らはそれらの授業を受けずに専門の先生から特別な訓練を受けます（子どもが抱えている困難によって、どんな授業を必要としているか、必要としてないか、ということは違います）。

サクラメントのシュタイナー学校のように、学校の規模が大きくて、しかも長い歴史を持った学校は経済的にも余裕があり、専門の先生をお願いすることができます。けれど、アメリカの殆《ほとん》どのシュタイナー学校は州政府の援助を受けていないために（教育の自由を守るために公的な援助をいっさい受けないシュタイナー学校が多いのです）、経済的にも苦しく、その余裕はありません。そこで、担任を持っている先生、特別教科を教えている先生方の中で、希望する人が時折開かれるワークショップで学んだり、自分たちの学校に専門の先生をお呼びして、勉強を続けている場合が多いのです。近年アメリカでも（この傾向は世界中共通のものでしょう）学習することが困難になっている子どもたちが増えてきたために、ルドルフ・シュタイナー・カレッジでは4年前から治癒《ちゆ》教育のプログラムを始めました。

「シュタイナー学校で行われている治癒教育とは」

わたしがルドルフ・シュタイナー・カレッジで、シュタイナー学校の教師になるためのトレーニングを受けていた1987、8年には、治癒教育の特別なプログラムはまだ始められていませんでした。当時は特別な治癒教育を必要とする子どもたちは多くなく、今ほど緊急を要する課題ではなかったのでしょう。そのため、残念ながらわたしには専門的に学ぶ機会が与えられませんでした。けれど、シュタイナー自身は「教育のすべてが治癒である」と言っています。そしてシュタイナー教育はその思想に貫《つらぬ》かれています。つまり……どんな人でも、身体のすべての機能や心が完全に発達し、完全にバランスがとれた状態で発育することは殆《ほとん》どない。生まれた環境や、育った状況の中で、どんな人の内にも多少の歪《ゆが》みが生まれる。だから教育はすべての子ども（大人も）が持っているその歪《ゆが》みを治癒する役割を担っている……とシュタイナーは考えたのです。

さて、シュタイナー学校で行われている治癒教育とはどんなものなのでしょう。サクラメントのシュタイナー学校にはインゲン・シュナイダーというスウェーデン生まれの治癒教育を専門とする方がいました。彼女は幼い頃、両親と共に日本に渡り、東京で8年間暮らしたことがあるそうです。わたしがはじめてシュタイナー学校を訪ねた時、「こんにちは、はじめまして」と彼女に日本語で声をかけられて驚きました。その時のことをまるで昨日のように思い出します。桜に似た、うす桃色のアーモンドの花びらが風に舞っていた、春の昼下がりのことでした。

「8年間暮らした東京の家の隣には仲良しの『まりちゃん』が住んでいて、学校から帰ると毎日暗くなるまでなわとびやかくれんぼをして遊んだの。楽しかったわ。わたしの幼い頃の思い出はみんな日本にあるのよ」と彼女は懐《なつ》かしそうに話してくれたものでした。インゲンはその後スウェーデンに帰ってカウンセリングの勉強をし、20代の後半には再び日本に戻り、新宿のある病院でカウンセラーとして5年間仕事をしたそうです。流ちょうな日本語で、「あなたは日本に帰ったらシュタイナー学校を始めるんでしょう？　いつか日本に戻ってあなたを助けたいわ。必要な時にはいつでも呼んでね」と言ってくれましたっけ……。

そんないきさつがあって、インゲンとわたしは親しくなり、わたしがアシスタント教師をしていたクラスの中で、治癒教育が必要であるように思える子どものことを相談したり、その子どもが彼女から特別な訓練を受ける時には一緒にいて、実践的に学ぶことができました。

今学ぶことが困難になってしまった子どもたちのために、わたしたちは何ができるのか、と考える時、シュタイナー学校で行われている治癒教育が大きな光を投げかけてくれるように思います。この通信講座の2年目には、それを皆様とご一緒に学んでゆきたいと考えました。

まず、はじめに世界中のシュタイナー学校で、入学、転入学を希望する子どもたちのためにしているテスト（それで入学の是非を決めるのではありません。飽《あ》くまでも子どもたちの発達の状態を見るのです）を紹介いたしましょう。これは治癒教育の考えを基にして、子どもの発達を知るために行われています。それによって子どもたちの内でどんな力が発達しているか、あるいは、どんな力の発達が遅れているか、先生は見極めるのです。両親と一緒に入学のための面接に来る子どもたちに次のことをしてもらっています。

①子どもたちにクレヨンを使って「家」と「人」と「木」を、1枚の白い紙の上に描いてもらいます。子どもが描いた絵は、子どもの身体そのものや、身体の機能がバランスよく発達しているかどうか、そして心が成長しているかどうか、ということをわたしたちに示してくれます。子どもたちが描いた絵の中の「家」の、四角い壁の部分は子どもの身体の発達を、そして三角形の屋根は子どもの心の発達を表しています。壁と屋根のバランスが良く保たれている絵は、その子どもの身体と心がバランスを保ちながら共に発達していることを表しています。屋根が壁より小さく描かれているのは、身体の発達に比べて心の発達が遅れているのでしょう。絵の中に描かれた「人」は、身体を形作るために必要な、「心」から注ぎ込まれる力を表しています。「人」の頭と胴と手足がバランスよく描かれているということは、身体の中で働く「心」の力が順調に発達していることを表しています。そして「木」は「神経組織を含

む呼吸器」の発達を表しています。

もし、子どもたちの絵の中に描かれた「家」がしっかりと地面の上に立っていて、「人」と「木」が家を挟《はさ》んで画面の両側に描かれ、空が画面の上方に、地面が下方に描かれ、そして家の扉に続く小道があり、扉にはノブがついていて、屋根には煙突があり、そして煙突から煙がたなびいている……こんな絵を描くことができる子どもは、心も身体も問題なく、そしてバランスよく発達していると考えられます。

②次に先生は、子どもたちに飛び上がったり、手を叩《たた》いたりするように言います。

1　3回か4回、できる限り高く飛び上がってください。

2　身体の前と後ろで交互に手を叩きます。10数えるまで続けてください。

3　頭の上と、身体の後で交互に手を叩きます。10数えるまで続けてください。

4　頭の上と、身体の前で交互に手を叩きます。10数えるまで続けてください。

5　頭の上と、身体の後、身体の前で手を叩きます。12数えるまで続けてください。

6　2から5までを繰り返してください。今度は手を叩く時、同時に飛び上がってください。

子どもたちの動きを見ると、彼らの意志と身体がどれほど結びついているか、が分かります。つまり、ある動きをしようと意志した時、その意志が実際に身体を動かす力となり得るか、あるいはなり得ないか……。意志の力が十分に発達していない場合は、身体が意志したように動くことができません。また、反対に、意志の力が強くても、身体の機能がその要求に応えるほど発達していない、ということもあります。この関係は……ある物をしばらくの間見つめた後に、白い背景に目を移すとその物の色の補色が見られる……と同じ原理が働いているとインゲンは言います。

③次に、白い紙の上に先生が言うように線を描いてもらいます。

1　紙を横長に置き、クレヨンで左から右に線を引いてください。

2　その線の下に、反対側から（右から左に）線を引きます。

子どもたちが引いた線を見ると、彼らの心と身体の関係が明らかになります。2本の線が交差しているのは、身体を動かすほどには意志の力が発達していない、ということを示しています。また線が強過ぎたり、反対に弱過ぎるのは、子どもたちの意志が身体の動きを調整できないことを示しています。

④次にもう1枚、子どもたちに白い紙を渡します。

1　紙を横長に置き、右から左へ波線を描くように言います。

2　今度は、紙の左端から元へ戻るように言います。

波線を描くためには、子どもたちの内に在る横に引く力と、上に持ち上げる力を必要とします。まれに波線を描くことができない子どもがいますが、その子どもの内では横に引く力と、上に持ち上げる力がバランス良く発達していないのですね。

⑤次に、先生が白い紙の上にクレヨンで4つの花びらの形を描きます。そして子どもに「これは何でしょう？」と聞きます。もし、ある物を見て、その物が何であるかを知覚する感覚と、想像する力が育っていたら、子どもは「花だわ」と言います。もし、子どもがそう答えたら「じゃあ、この花をもっときれいな花になるように仕上げてちょうだい」と言います。子どもが仕上げた花を見たら、物の概念を捉える感覚と、内的な想像力が子どもの内でどれほど発達しているか、が分ります。

⑥次に先生とボール投げをします。

子どもがどちらの手を使ってボールを投げるか、注意して見て下さい。子どもが右利きか、左利きかが分ります。またボールを投げるためには「手を動かすこと」と「目を動かすこと」と「話されたことを理解すること（先生は自分に何をするように話しているのか、ということを理解する）」、この三つの力が、同時に働くことが必要ですから、ボールを投げる様子を見て、子どもの内でこの三つの力が働き、三つの動作が連携を保って行われているかどうか、が分ります。また、先生がボールを楽に受け取れるように投げるためには、子どもの内で空間（距離）に対する感覚が働かなければなりません。その感覚が発達しているかどうか、も分かります。さらに、先生が受け取れるようにボールを投げるためには、自分の身体をどう動かしたらよいか、という自分の身体に対してイメージを持つことが必要です。それができているかどうかということも知ることができます。

　子どもたちの内で、どんな力が育っているのか、あるいは早く育ち過ぎている力はあるのか、またどんな力の発達が遅れているのか……。子どもを教え、育てるためにはわたしたちが認識する必要がある最も基本的なことです。わたしたちは子どもの実態を知らないまま、教育することはできません。そのために、シュタイナー学校の教師たちはこのようなテストをしているのです。

　それにしてもつくづく思うことは、子どもたちが持っている困難は、彼らが生まれた時から持っていたものではなく、成長する間に生じる場合がなんと多いことか！　わたしに治癒教育を教えてくれたインゲンは、シュタイナー学校の生徒だけではなく、治癒を必要としているどんな子どもたちをも自宅に招いてエクストラ・レッスン（治癒のために行うエクスサイズをそう呼びます）をしていました。レッスンが終るたびに、わたしたちはため息をつきながら話したものです。「それにしても、わたしたちの生活環境の中に、子どもたちの困難をつくりだしているものが多すぎるわ。通りから絶え間なく聞こえてくる車の騒音、ラジオやテレビの大きな音、コンピューター・ゲームの音、冷蔵庫、掃除機、洗濯機のモーターが回る音……数え上げたら際限《さいげん》がないほど！　騒音は、規則正しく打つ子どもたちの心臓の鼓動《こどう》や、ゆっくりとした彼らの呼吸のリズムとなんと違うんでしょう！」「本当に！　子どもの本来の在り方を妨げるこれらの文明の利器……利器と言うからには、わたしたちはよくよく考えて、賢く使わなくちゃね。決して子どもたちの生命を縮めるような使い方をしてはならないんだわ！」

インゲンにはできる限り早く「ひびきの村」に来てもらい、皆さまとご一緒に学びたいと、わたしは願っています。その前に、少しでも治癒教育の基本を学んでおきましょうね。

「子どもたちの抱えている困難とは」

さて、今子どもたちは「字が書けない」「真っ直ぐに歩けない」「暴力をふるう」「集中できない」「計算ができない」……など、さまざまな困難を抱えています。わたしたちは彼らの乱暴な行為やことば、あるいは彼らができないことだけを見て、「嘘《うそ》をつく子ども」「椅子に腰掛けていられない子ども」「人の話を聞けない子ども」「文章が書けない子ども」「字が読めない子ども」……というように判断してしまいがちですが、判断を下す前に彼らの抱えている問題を整理してみませんか。

1　身体的な困難を持っている子ども
2　喘息《ぜんそく》、アレルギー、夜尿症、糖尿病、低血糖症、拒食症、過食症などの病気を抱えている子ども
3　ひとつの気質が極端に偏《かたよ》っている子ども
4　心（感情）に問題を抱えている子ども
5　抽象的な思考ができない子ども
6　発達が遅い子ども

インゲン・シュナイダーはこのように整理して、わたしに示してくれました。そして、子どもたちが抱えている困難を克服するために、だれが、どのように助けることができるか、いえ、助けなければならないか、ということもアドヴァイスしてくれました。きょうはそれを一つずつ、皆さまとご一緒に考えていきたいと思います。

1　これには、近視、遠視、乱視、その他に目の動きがスムースにいかない、左右の目が協調して機能しない、そして難聴、色覚異常、背骨の湾曲《わんきょく》などが考えられます。これらは子どもたちが生まれた時から持っていた資質にもよりますが、環境によって引

き起こされる場合も多くありますね。このようなトラブルは……なかなか文字を覚えない、文章を読むことができない、長い文章が作れない、話が聞けない、言っていることを理解しない、集中できない、じっとしていられない、すぐに机に凭《もた》れる……という困難を生み出します。「うちの子どもはなんて呑《の》み込みが悪いんでしょう、うちの子は飽《あ》きっぽくってなんでもすぐに投げ出してしまうの、どうにかならないかしら」なんて嘆《なげ》いてばかりいないで、こんな時には視力の検査や聴力の検査を直ぐにしたほうがいいのよ、とインゲンは言っていました。「家の人がもう少し気をつけて見ていれば気が付くはずなのにね。皆忙しくて、なかなか子どもの様子を見てあげられないのでしょう」……彼女はそれがとても残念だ、と嘆くのでした。

テレビを見過ぎる、テレビゲームを毎日長時間する、イヤホーンを使って大きな音で音楽を聞く、いつも柔らかいソファーの上で寝そべっている……こんな環境が子どもたちに困難を背負わせてしまうのですね。子どもが風邪をひいた時、直ぐに抗生物質を飲ませて熱を下げてしまうことも、子どもを難聴にしてしまう原因のひとつだといいます。熱が下がるともう風邪は治ったと思い、わたしたちは安心してしまいます。が、子どもは中耳炎に罹《かか》っていることがあり、それに気が付かずに、子どもは難聴になってしまった、という例をよく聞きます。どんな時でも、子どもをよく見るということがどんなに大切なことか……心に留めておきたいことですね。

「あなたはいつでも人の話をちゃんと聞いていないんだから」と嘆く前に、「もしかしたら、聴力が弱いんじゃないかしら？」と考えて、是非、聴力検査を受けさせてあげてください。「あなたはいつもだらだらと姿勢が悪いのね。しゃきっとしなさい、しゃきっと！」と叱《しか》る前に、子どもの背骨が曲がっていないかどうか、検査を受けさせてあげてください。虫歯があると子どもたちは食物をよく噛《か》むことができませんし、ましてや痛みがあっては落ち着くこともできません。鼻が詰《つ》まっていると呼吸が楽にできません。酸素が欠乏するとぼーっとして集中力がなくなります。蓄膿症《ちくのうしょう》などの鼻の病気を持っている子どもにとってもまた、学ぶことが困難になります。

2　これらのすべてが文明病といわれるものですね。わたしたちが今のような化学物質に囲まれた住、食、衣の生活を変えることができたら、子どもたちの抱えている困難は随分《ずいぶん》軽くなることでしょう。勿論《もちろん》、これらのすべてが個人の力では改善できません。わたしたちの力が到底《とうてい》及ばないことも多くあります。けれど、せめて自分の手でできることは努力し、改善したいと思います。喘息《ぜんそく》でひどく咳《せき》込んだり、呼吸が困難であったり、アレルギーで身体中が痒《かゆ》かったり、糖尿病で食べ物を制限されていたら、子どもたちは過度のストレスで勉強どころではありません。自分の生命を守ることで精一杯でしょう。これらの困難を抱えている子どもには、直ぐに専門家の治療を受けさせましょう。その上で、わたしたちが家庭で、学校で、できることを全力をあげてしなければなりません。

3　これは教師と、両親をはじめとする家族の役割ですね。以前にもこの講座で皆さまとご一緒に学びましたように、わたしたちは多くの場合、四つの気質を併《あわ》せ持っています。その中でひとつの気質が極端に強いと、それ故に疎《うと》まれ、嫌われ、遠ざけられて、家族にも、友人にも、教師にも、社会にも受け入れてもらえず、子どもが苦しむことがあります。教師は子どもの気質を見ぬき、ひとつの気質が突出しているために子どもが苦しんでいると気が付いたら、その気質を柔らげ、他の気質と調和するように助けてあげなければなりません。

　多血《たけつ》質が極端に強い子どもは、いろいろなことに気が散って集中して学ぶことができません。胆汁《たんじゅう》質が強く突出している子どもは、何にでも怒りを覚え、許すことができないために学ぶことが困難に感じることが多くあります。粘液《ねんえき》質が強い子どもは、どんなことを始めるにも時間がかかります。また、一度始めたら容易に止めることができません。クラスの中でも同級生と調和がとれず、学ぶことが難しくなる場合があります。憂鬱《ゆううつ》質の強い子どもは物事の暗い面ばかりを見て悲しみ、苦しみます。そしてその感情的な苦痛が肉体的な痛みにまでなり、学ぶことが困難になることがあります。

強い気質を持っているために苦しんでいる子どもたちを、教師はなんとしても助けてあげなければなりません。ここに詳しく記すことができませんが、気質について詳しく書かれた著書もあります。興味のある方は是非お読みください。どんな場合でも、その子どもの気質に寄り添うということが大前提です。ゆめゆめ、あなたが子どもの気質を嫌がったり、疎《うと》んだりしないことが大切です。そしてまた、「その子の気質は嫌い」と言って子どもを遠ざけたり、蔑《さげす》んだり、ないがしろにするなどということがないようにすること。そして、子どもの気質が和らぐような、お話をしてあげることも大切です。子どもと一緒に家の仕事をすることもできるでしょう。共に理想の世界を語り合うこともできます。もし、あなたの周囲に、持っている気質故に困難を背負っている子どもがいましたら、どうぞ、もう一度「四つの気質」を学び、彼らの力になってあげてください。

4　この問題は最近ますます多くなってきているということに、皆さまも気が付いていらっしゃることでしょう。両親の不和、離婚。それに伴う家族の離散。家庭内の争い。家庭内暴力、性的虐待《ぎゃくたい》などによって、子どもたちの心が深く傷つけられた場合が考えられます。インゲン・シュナイダーは触れることがありませんでしたが、家庭内の問題だけではなく、社会で起きているさまざまな悲惨《ひさん》なできごと、残忍な犯罪、そして公人による不正な行いを耳にし、目にした時、子どもたちは暗く絶望的な気持になるに違いありません。毎日のように報道されるこれらの事件が、どうして子どもたちの心に暗い影を落としていないと言えるでしょうか。今わたしたちがこれらを自分の問題として、本気で考えなかったら、子どもたちはますます大きな困難を背負うことになるでしょう。

心に傷を負ってしまった子どもたちを癒《いや》すために、インゲンは彼らと一緒に楽器を演奏したり、絵を描いていています。また、彼女の力の範囲を超えていると考えた場合は、彼女は少しもためらわずに専門の力ウンセラー、セラピストにお願いしていました。

子どもが負う傷はすべて、わたしたち大人の責任です。わたしたちが「してはいけないことをした」ため、わたしたちが「しなくてはならないことをしない」ために起こったことです。大きなことができなくとも、小さなことならできますか。……「嘘《うそ》をつかない」「本音と建前《たてまえ》を使い分けない」「人には真心をもって接する」「約束を守る」「決めたことはする」「心に思っていないことは言わない」「すべきことはする」……このようなことなら、できるのではないでしょうか。わたしたち大人の在り方が、生き方が、子どもたちに酷《ひど》い苦しみを与えることがあっては決してなりません。わたしたちの思いによって、考えによって、行いによって、子どもたちを悲しませてはなりません。子どもたちを苦しませないために、わたしは何ができるでしょう。子どもたちの悲しみを拭《ぬぐ》うために、わたしに何ができるでしょう?

明日、学校で子どもたちに会ったら、わたしは真心を込めて「おはよう」と言いましょう。子どもたちを心の底から慈《いつく》しみ、愛し、敬いながら……。

5 字を書いたり、読んだり、計算することはできても、抽象的な思考ができない子どもがいます。まだ思考の力が具《そな》わっていない3、4年生くらいまでは、彼らも同級生と一緒に勉強できますが、思考の力を育てる授業が始まると、ついてゆくことができなくなります。このような子どもたちは、何らかの理由で左脳の発達が遅れているためだと考えられます。生まれた時から脳に損傷を受けている場合がありますが、その場合は特別な指導が必要ですね。原因を見つけることができない場合は、どうぞIQテストを受けてください。そしてIQが低い場合はどんなに辛くてもそのことを受け入れて、その子どもに必要な教育を考えてください。

そのような子どもたちにとってもっとも望ましいことは、理解のある先生に繰《く》り返し、繰り返し根気よく教えていただくことです。あなたが多くを、高きを望むと子どもは学ぶことが苦痛になり、学ぶことを避け、嫌うようになってしまいます。このような子どもは将来、抽象的な思考を必要としない仕事、実際的な仕事をするようにしてあげたらいいですね。例えば……機械の修理、花の栽培、農作業、印刷、コンピューターのプログラマー等など。誰もが生まれてくる前に決めた使命を持っています。どんな使命にも意味があります。子どもたち一人ひとりが決めて来た、それぞれの使命が果たせるよう、力を尽くしたいと思います、それが教育の使命だと、わたしは確信しているからです。

6　身体にも、心にも障害を持っているようには見えない。心に傷を負っているようでもない。それなのに同級生より発達が遅れている子どもがいます。このような子どもたちが、シュタイナー学校で、わたしたちが行っている治癒教育が可能な子どもたちなのです。

「治癒教育とは何なのでしょう」

わたしたちが子どもを育て、教える時、考えなければならないことが三つあります。

1　子どもが生きるために必要な力は、

「意志」…子どもたちの感覚を開放し、感覚の世界を広げることによって得られます。（「十二の感覚」の中の特に「触覚」「生命感覚」「運動感覚」「平衡感覚」だということは、皆さまとご一緒に学びましたね）

「感情」…感じる力を深めることによって得られます。認識するための力になります。

「思考」…真理を認識する訓練によって得られます。

2　子どもが成長するために必要な環境は、

・生命のある食物
・きれいな空気
・呼吸のできる衣服と建物

勿論、わたしたち大人自身が、子どもたちを取り巻く環境の大きな部分を占めていることは言うまでもありません。

3　子どもが学ぶために、子ども自身の内に必要なものは、

・集中力
・自信
・身体と心のバランス
・身体と心をコントロールする力

この三つの中の3に挙げたものが、シュタイナー学校で行われている治癒教育の領域なのだ、とインゲンは話してくれました。

今回は主にルドルフ・シュタイナーの洞察《どうさつ》を基にして、シュタイナー学校の先生によって行われている治癒教育の、基本的な考え方を学びました。8月号では、わたしがインゲン・シュナイダーから教えてもらった、彼女自身が実践しているエクスサイズを中心に、お伝えしたいと思います。

ペダゴジカル
ストーリー

お話の持つ力
「一人で歩き始めたお兄ちゃん、お姉ちゃんへ」

petagogical story《ペダゴジカル ストーリー》：直訳すると、教育的なお話。ここでは、心から「そうしよう！」と思えるように導く創作物語の意味。

天使や妖精やこびとの世界を去って、現実の世界を歩き始めた時力に恵まれた者はどう生きなければいけないのでしょうか。ちょっと苦味のある、ギリシャ神話が登場します。

4月号では、おとぎの国に「さよなら」を言ったお兄ちゃんに言われたことばに、深く傷ついてしまった千尋《ちひろ》ちゃんのお話をしました。千尋ちゃんのお母さんは、千尋ちゃんにこのお話を何度かしてくださったそうです。千尋ちゃんからこんなお手紙がわたしの許《もと》に届きました。

ゆうこせんせいへ
おはなしありがとうございました。とってもたのしかったです。

ゆうこせんせい、わたしはいま、ようせいをしんじています。

おはなしをきいておもったことがあります。それは、わたしにね、けいたくんがわたしにね、わるぐちのようなことをいっているのがね、ちょっとね、かなしかったよ。でもね、さきをきいてあんしんしました。

わたしね、3月からはずっときょうしつにいっているの。わたしね、すこしね、ともだちにわるぐちやへんなことといわれてきょうしつやすんでいたの。でも、いまは、もうだいじょうぶです。

せんせい、あのね、わたしのいえにあたらしいしょくぶつがきたの。きっとようせいさんがいっぱいいるとおもうなあ。それと、それは、いちごです。

せんせいもなにかそだてているものがありますか？そだてているものがあったらおしえてください。

ちひろより

啓太くんは千尋ちゃんを傷つけようとしてあんなことを言ったのではない、ということを千尋ちゃんは分かったのですね。啓太くんが千尋ちゃんを嫌って、仲間はずれにしようとして言ったのではないということも、千尋ちゃんは感じたようです。千尋ちゃんのきれいなお洋服のレースの襞《ひだ》や、お花の刺繍《ししゅう》がある襟《えり》や、柔らかいビロードのベルトの陰には妖精やこびとが住んでいます。いつもくすくす笑っている妖精や、楽しいことが大好きなこびとたちが、千尋ちゃんの瞳《ひとみ》の涙を乾かしてくれたのですね。よかったね、千尋ちゃん。また、きれいなお洋服を着て、妖精やこびとを連れて、木曜教室に行けるようになったのね……。

さて、啓太くんにも話をしなければなりません。啓太くんにどんなふうに話そう、と考えていた時、ふっとジョシュアの顔が目の前にうかびました。サクラメントのシュタイナー学校で、7年生のクラスのアシスタント教師として教えた時のことでした。そのクラスにジョシュアという男の子がいました。やわらかい金髪のショートカットがよく似合う、目鼻だちのしっかりした少年でした。彼はとび抜けて背が高く、体力があり、運動能力も優れていて、バスケットチームの花形選手でした。その上彼は沢山《たくさん》の才能に恵まれていたのです。同級生より成長も早かった彼は、大好きだった「おとぎの国」を去って、その頃現実の世界に足を踏み入れ、たった一人で歩き始めていました。見知らぬ景色が続くこの世界に、彼は大きな不安と恐れを感じていました。どこに向かって歩いて行ったらよいのか、いつ目的地に行き着くことができるのか、誰を信頼したらよいのか、どこか休める場所はあるんだろうか……まるで霧の中を一人で歩いているように、不安な心を抱えながら毎日を過ごしているように見えました。そんな不安定な状態が、時々彼を不機嫌にしました。友人のことばや行為に、敏感に反応しました。時々朝目が覚めた時、起き上がるのがだるいと感じているようだと、お母さんが話してくれたことがあります。時にはジョシュアの目に、まわりの人が皆、見知らぬ人のように見えることがあるようでした。自分でも、その心をどうしたらよいか分からないようでした。

いつもいつも話していることですが、この世に生きているすべての人は、それぞれ違った使命を持っています。その違った使命を果たすために、相応《ふさわ》しい両親と家族、そして環境を選んで生まれてきました。そして、わたしたちはそれぞれ持っている気質も、能力も、感覚も違います。ジョシュアも彼の使命を果たすために必要な環境に生まれ、使命を果たすために必要な気質と能力を持っていました。彼は力に恵まれていました。できることがたくさんありました。そして、彼が簡単にできることが他の人にとっては難しいということがありました。そんな様子を見て、時々彼は苛立《いらだ》つことがありました。その苛立ちが、できない人を誹《そし》る心に変わることがありました。その人を退《さ》けようとする力になることもありました。人ができないことを簡単にできる自分自身を、彼は誇りに思っているようでした。彼自身を誇る気持ちが、時には人を見下す心に変わることがありました。卑《いや》しめることばになって彼の口から出てくることがありました。

4月号にも書きましたが、わたしもジョシュアと同じように、力に恵まれた子どもでした。そして、それを誇ることがありました。自分がたやすくできることを人ができない時、その人を責めました。軽んじることもありました。それ故に、人がわたしを恐れている、ということを教えてくれたのは同級生でした。弱い彼女が精一杯の抗議の気持ちを込めて、わたしに言ったことばでした。「ゆうちゃんに何か言われるのが怖いから……（だから自分の思うようにできないのよ）」怪我をして靴が履《は》けなくなった右足にサンダルを、怪我をしていない左足には靴を履いて学校に来た彼女に、「両方サンダルを履いたらいいのに。サンダルと靴を片方ずつ履いてくるなんておかしい！」と言ったわたしに、彼女はそう言って抗議したのでした。その時心に受けた衝撃を、わたしは今でも忘れることができません。不安と恐怖にうち勝って、必死な面もちでわたしに向かってきた彼女の顔。「わたしのせいにするなんて、嫌な子！」と思いながら、「そうなんだ。わたしは人に恐れられているんだ。わたしに言われることが怖くて自由にものが言えなかったり、自分の思い通りに行為できない子がいるんだ。そうなんだ……」

それからしばらくの間、わたしは自由に話すことができなくなりました。わたしが言うことばが、この人を傷つけるんじゃないだろうか。わたしがこんなことを言ったら、この人は悲しむんじゃないだろうか。わたしは嫌がられている、恐れられている、避けられている……そんな思いに縛《しば》られて、自由に振る舞うこともできなくなりました。わたしは一人ぽっちだと感じていました。世界中の人がわたしを嫌っていると思いこんでいました。そして悲しくて、悔《くや》しくて堪《たま》りませんでした。

でも、わたしは一人ぽっちではありませんでした。わたしが苦しんでいることを、担任の先生は知っていました。わたしが人を軽んじる心と戦っていることを、先生は理解してくれました。「祐子さんは今、自分の心と戦っています。しばらくの間見守ってあげてください」……「先生がそう言っていたわよ」と、母がわたしに話してくれました。苦しんでいるわたしを、先生も母もそっとしておいてくれました。苦しむままにしておいてくれました。励《はげ》ましたり、慰《なぐさ》めたり、労《いた》わることはいっさいしませんでした。今になってみれば、先生も母も何故わたしを悲しむままに、苦しむままにしておいたのか、分かります。「生きていることは楽しいことばかり！　わたしを取り巻くすべてのものは美しく、善良で、真なるもの！　わたしを囲むすべての人はわたしの信頼に応え、わたしを愛してくれている！　わたしは天使に守られ、妖精と遊び、こびとと戯《たわむ》れ……いつでも、し・あ・わ・せ」……5年生になったわたしは、もう二度とそんな世界に戻ることができない、ということを知ってしまいました。どんなに恋しくても、どんなに懐《なつ》かしくても、どんなに戻りたくても、そこには戻れない、ということが分かりました。なぜなら、「わたしはわたし、他のだれでもない」ということを知ってしまったのですから……。そして他のだれでもないわたしが、もっている気質故に人から疎《うと》んじられている、ということも知ってしまったのです。その時、わたしは生まれてはじめて、わたし自身と向き合わなければなりませんでした。

「生きる価値もない!」

ギリシャの大神ゼウスは末の息子のヘルメスと旅に出ることにしました。それというのも、ご自分が創られた世界がどうなっているか、確かめたいとお考えになったからなのです。そこでゼウスはご自分をみすぼらしい年老いた姿に変えました。そして、ヘルメスにも貧しい身なりをさせました。そして、たった一本の杖《つえ》を手にしてこの世に下りていらっしゃったのです。

ある日、もう日も暮れようとした頃、二人はある村はずれにやってきました。すると、藪《やぶ》の陰から小牛ほどもある大きな黒い犬が3匹、いきなり飛び出してきました。二人に向かって牙《きば》をむき、唸《うな》り声をあげました。その後からは棒きれを手にした子どもたちが口々に叫《さけ》びながら走ってきます。「おーい、来たぞ! 来たぞー!」「汚い乞食《こじき》がまた来たぞ!」「やっつけてしまえ!」「追い出せー」子どもたちの後からは、大勢の村人がぞろぞろと歩いて来ます。そして「やれ! やれ!」「やってしまえ!」「もっと犬をけしかけるんだ!」「この村に一歩も足を踏み入れさせるな!」ヘルメスはとびかかって来た犬を、持っていた杖《つえ》で次々と打ち倒しました。「ギャー」という声をあげながら倒れた犬は、起きあがると尾をたらして藪《やぶ》の陰にこそこそと姿を隠してしまいました。その様子を見て驚いた子どもたちは一瞬棒立ちになり、村に向かって走り出しました。不満そうな顔をしていた大人たちも、仁王立《におうだ》ちになって彼らの前に立ちふさがっているヘルメスの様子を見ると、ぶつぶつ言いながらも帰って行きました。

ゼウスはその様子を険《けわ》しい顔でご覧になっていました。そして「やれやれ、この村には泊まれませんね。山をもう一つ越えた隣村まで歩きましょうか」と言うヘルメスのことばに無言でうなずかれたのでした。二人が山に続く小道を歩き始めた時です。「もしもし、旅の方」「また、わたしの村の人たちが、ご無礼をしたようですね」「昔はあの人たちも、あんなことをする人たちではなかったのですが……」「神様から十分な知恵と力を授かりながら、それを誇りにするあまり、弱い人や病人をないがしろにするようになってしまいました」「身なりの立派な旅人には喜んで宿を提供しますのに、そうでない旅人は村に入れることもせず、追い払ってしまうのです」……「わたしたちは貧しく見えるのですね」とヘルメスがおかしそうに言うと、「そんなことはございません」「わたしたちの目に、お二人はご立派なお人に見えます」老夫婦は口をそろえてそう言いました。「もう日も暮れます。どうぞ、わたしどもの家にお泊まりください」「ああ、お二人がいらっしゃることが分かっていたら、わたしたちは夕飯を食べずにいたものを……」「ミルクは壺《つぼ》の底にほんの少しだけ、それに固いパンが一切れだけでは、どうにもお二人のお腹は満足できないにちがいありません」「どうしたものだろう？」「そうそう、まだ少し早いかもしれませんが、裏庭に生《な》っているブドウを召し上がっていただいたらどうでしょう？」……老夫婦のひそひそ話を耳にしたヘルメスがまたおかしそうに言いました。「それは助かります。今朝から何も食べていないので、わたしはお腹がぺこぺこなんです」……「おお、困った。聞いたかおばあさん、こんな物ではあの若いお人は満足なさらないじゃろう」「あの方がお腹がいっぱいになるためだったら、わたしはこの先、一ヶ月でも何も食べないでいられますのに」

さて、二人が食卓につくと不思議なことが起こりました。底の方にちょっぴりだけしか残っていなかったはずのミルクは、ヘルメスが五杯お代わりをしても、まだなみなみと壺の口までいっぱいにあります。固い一切れの黒パンは、まるで焼きたてのようにふかふかした白パンに変わり、二人が何度ちぎって口に入れても少しも小さくなりませんでした。まだ熟していないはずの青いブドウの実は、それはそれは香りのよい、甘い実に変わっていたのでした。「これはおいしい」「こんな甘いブドウは今まで食べたことがない」そう言いながら食べ続ける二人の様子を、老夫婦はただただ驚いて見ているばかりでした。二人の旅人はおいしいものをお腹がいっぱい食べさせてもらったお礼を言い、満足そうな様子で、おばあさんが用意してくれた寝床に入りました。

さて、翌朝のことです。今朝は旅立つ二人を送って、家を出ました。老夫婦はいったいどうしたというのでしょう？　村中がしーんと静まり返って、いつも聞こえてくる村人の話し声も、子どもたちが遊び騒ぐ声も、犬が吠《ほ》える声も、機《はた》を織《お》る音も、荷車を曳《ひ》く音も……なに一つ聞こえてきません。そして丘のはずれまで来た時、老夫婦は自分たちの目がどうかしたのかと疑いました。でなければ、夢を見ているに違いないと思いました。「おばあさんや、わたしの目はどうかしてしまったのだろうか。村があった所に湖が見えるんだが……」「おじいさん、私の目もどうかしてしまったらしいですよ。わたしにも見えるのは水だけです」昨日まで大勢の村人が住んでいた谷間には、青い水が満々と湛《たた》えられていたのでした。

声もなく佇《たたず》んでいる老夫婦に向かってゼウスはこう言われました。「力のある者、恵みを受けている者は、弱い者を助け、労《いた》わり、支えてあげなければならないものを……。この村に住む人々はそれをしなかったばかりか、貧しい者を蔑《さげす》み、弱い者をいたぶり、病気の者を排し、自分たちだけが栄えようとした。そういう者たちは、人として生きる値打ちもない。冷たい水の底で一生を魚《うお》の姿で過ごすのが相《ふ》応《さわ》しいのだ」

山から湖に向かって暖かくて気持ちのよい風が吹きました。するとさざ波が湖水の上を走り抜け、太陽の光が反射して鏡のように輝きました。力に恵まれながら、その力を人の為に使うことをしなかった村人に対する神様のお怒りはいつまでもとけず、今でもその村は湖の底に沈んだままだということです。

これは、その頃わたしが読んだギリシャ神話です。わたしは生まれてはじめて、わたし自身の在り方に気付き、打ちひしがれていました。苦しみながら、悲しみながら、自分と向き合おうとしていたわたしを、神様はお見捨てにはなりませんでした。そして「恵みを受けていながら、弱い者をないがしろにし、力に恵まれない者を蔑《さげす》み、遅れてくる者に手を貸さない者は生きる値打ちもない」ということを、わたしにはっきりとお告げになったのです。「生きる値打ちもない」……わたしはこのことばを何度、噛《か》みしめたことでしょう。そして今でも噛みしめています。

ジョシュアの両親と私は親しい友達でした。彼らは家族と遠く離れて暮らしている次郎を、いつも気にかけてくれていました。ジョシュアと話をしようと決めてから、わたしはある晩彼らを晩御飯に招待しました。彼らの大好物だという天ぷらをどっさり作りました。デザートが終わると子どもたちは次郎の部屋へ行きました。部屋からラップ・ミュージックの歯切れのよいリズムが聞こえてきます。

わたしが見、聞きしたこと、感じたこと、そして考えたことを、わたしはことばを飾らず、ジョシュアの両親に話しました。母親はジョシュアが背負っている困難を認めることを、とても苦痛に感じたようでした。父親は「そういうこともあると思う」と言いました。わたしは二人にこう言いました。「走るのが遅いことや、歌うとき音を外してしまうことや、計算が苦手なことはそんなに深刻に考えないのに、それを時には笑って済ませてしまうことだってあるのに、なぜ、わたしたちは子どもの気質や性格のことになると、こんなに考え込んでしまうのかしらねえ。他の苦手なことと同じように、もっと楽に受け止めましょうよ。大丈夫！　ジョシュアはきっと乗り越えるわ！　わたしはずっと彼の傍《そば》にいて、彼の苦しみや悲しみを共に担《にな》おうと決めているから……」

翌日、ベンチに腰をおろし、アメリカン・リヴァーを眺《なが》めながら、わたしはジョシュアと話をしました。……わたしも彼と同じように苦しんだということ。でも、わたしに軽んじられた友人は、わたしよりもっともっと苦しかったに違いないということ。わたしが生まれ持ったこの性質は、今生《こんじょう》でわたしが克服しようと決めてきたこと。だからジョシュアもきっと自分で決めて、こういう性質に生まれてきたのだと思うということ。この苦しみを克服するために、わたしたちは神様から大きな恵みをいただいているということ。それをわたしは心から感謝しているということ。わたしがあなたのクラスのアシスタント教師として、あなたとこうして出会ったのは、同じ困難を担《にな》っているあなたを助けるためだと思うということ。だから、二人で頑張ってゆきたいということ……ジョシュアは静かに聞いていました。

皆さまはもっともっと、楽しい話を想像なさっていましたか。ふんわかとした気持ちの温かくなる話が聞けると、楽しみにしていてくださいましたか。わたしも随分考えたのです。簡単に済ませることもできました。「わたしと一緒におとぎの国へ『さよなら』しましょう。そして、また、いつか戻って来る日を楽しみに待っていましょう」という話をすることは簡単でした。啓太くんをもっと苦しめることになるかもしれない、ということも覚悟しました。それでも今、啓太くんにとって必要なことは自分と向き合うことだ、という確信はゆるぎないものなのです。そして、わたしはそういう啓太くんにずっと添っていこう、と決めています。

　こんなことまで書く必要ないのに、と皆さまが思われるかもしれない、ということも考えました。でも、わたしが今、皆さまとご一緒に考えたいことは、ここに書いたこと以外にありません。わたしはいつでもわたしの心からのメッセージを皆さまに伝えたいと願っています。そのわたしに、わたしは嘘《うそ》をつけないのです。皆さまを悲しませたり、困惑させたり、心配させてしまったら、ごめんなさい。皆さまにも少しでも啓太くんの苦しみを、共に担《にな》っていただけたら大変嬉《うれ》しく思います。

ホームケア

「魔法のお風呂」

**真剣に学び、仕事をし、子育てしている皆様、
日頃の疲れがたまってはいませんか？
大村さんが実際に体験した人智学医療から、
心身ともに癒されるお風呂を紹介します。**

「子どもが必要とする力を得るために、わたしはできる限りのことをしなくちゃ！」「わたしの人生はこれからどんなふうに展開していくのかしら？」「わたしの使命はなに？」……いつも、いつも真摯《しんし》に学び、なにごとにも真剣に取り組んでおいでの皆さま、お疲れではありませんか？　肩も凝《こ》っているでしょう？　夜はよく眠れますか？　毎日毎日、心痛む事件が起こらない日はなく、こんな時代に子どもを育て、教えている皆さまはさぞお疲れのことでしょう。

　なんとか皆さまの心と身体が癒《いや》されるようなお手伝いができないかしら？　とわたしはずーっと考えていました。ある日、古いファイルを繰《く》っていましたら、「健康」というタイトルが付けられたファイルが目に入りました。古い友人がくれたものでした。ルドルフ・シュタイナー・カレッジで働いていた当時、わたしはつくづく疲れていた時期がありました。ある日、事務所に行くと、その友人が「いったいどうしたの？　顔色が悪いわよ」と声をかけてくれたのです。「うん、疲れた！」と、わたし。「その様子

は尋常《じんじょう》な疲れじゃないわね。そうだ、わたしがお風呂に入れてあげる！」「いいわよ、いくら疲れていてもお風呂ぐらい自分で入れるわ」「ううん、そうじゃないの。『癒しのお風呂』（Nutritional Bath）なのよ」「えっ、そうか！　そんなのがあったわね。以前ラファエロ・センターで入れてもらったことがあったわ」「どうだった？　お風呂に入った後、元気になったでしょう？」

　人間の身体を「物」としか診《み》ない現代の医療に対して、皆さまも多少なりとも疑問を抱いていらっしゃるのではないでしょうか。わたしもそのうちの一人です。ですから、当時わたしは全人的な医療を施《ほどこ》す人智学医療にとても興味を持っていました。その基本的な考え方だけでも学びたいと考えていました。少くとも、自分の身体を自分でケアすることができるようになりたいとも願っていました。そのためにも最低限の知識を得たいと考えていました。そして、ルドルフ・シュタイナー・カレッジの事務所で働いているスーザン・マクマーホンが、看護婦の経験を持っていると聞いた時、すぐに彼女に「自然と芸術を学ぶプログラム」で「ホーム・ケア」（家庭でできる医療）の授業をお願いしたのです。

「今夜9時にあなたの家に行くわ。それまでに仕事は全部終わらせておいてね」……有無を言う暇《いとま》もなく、約束させられてしまったわたしは、大急ぎで仕事を片付け、戸棚の奥からフランネルのシーツをごそごそと引っ張り出して、彼女を待っていました。彼女は9時ぴったりに大きなバッグを抱えてやって来ました。我家の勝手を知っている彼女は、わき目も振らずにわたしの寝室に続くバスルームに向かいました。そして、じゃー、じゃーと勢い良く浴槽《よくそう》にお湯を入れ始めました。「牛乳はシュタイナー学校の牧場で分けてもらったもの、それから自然食品店で買った有精卵、レモンはカレッジの庭に生《な》っていたものよ」……そう言いながら、バッグから牛乳、卵、レモン、を取り出して床に並べ始めたのです。

　浴槽のお湯が半分になった頃、彼女は温度計でお湯の温度を測りました。「温度は体温と同じくらいが良いのよ。35・2℃。ちょうど良いわ。そうそう、あなたウールの毛布を使っているわよね。それを出しておいて」彼女は次にカップの中で卵と牛乳をかき混《ま》ぜ、それを浴槽のお湯の中へ入れました。それは蛇口《じゃぐち》から勢い良く出るお湯の中にたちまち消えてしまいました。お湯が浴槽の10分の7くらいになった時、お湯を止めました。次に彼女はナイフを取り出してレモンを半分に切り、切り口の方に4本切れ目を入れました。そしてレモンを浴槽の底に置くと、手のひらで押しつぶし、左右にギュッギュッと回したのです。「レモンはこのままお湯の中に入れておくのよ」それから彼女は両腕の袖《そで》をたくし上げ、浴槽の前に膝《ひざ》をつきました。そして、両手で静かに、深くお湯を∞の字に掻《か》き回し始めたのです。「これは同じリズムで30回すると良いの。少なくとも20回は必要ね。」フッ素やら何やら入れられ、鉛の管の中を通って来たお水、そして熱されて生命の力を失ってしまったお湯を甦《よみがえ》らせるのよ。∞は無限大でしょう」「お湯はぬるいって感じるでしょうけど、部屋が暖まっているから大丈夫！　タオルはあるわね。これでよし、っと。さあ、入ってちょうだい！　ここに時計を置いておくから、15分経ったら上がってね。上がったらタオルで身体をごしごし擦《こす》らず、叩《たた》くように拭《ふ》いて、フランネルを頭から足の先まですっぽりかぶるのよ。そしてウールの毛布に包《くる》まって眠ってちょうだい。目が覚めたらパジャマに着替えてもいいし、朝まで眠り続けたら勿論《もちろん》それも良いわ。じゃあ、おやすみなさい」そう言うと、彼女はロウソクに灯をともして明かりを消し、静かに浴室から出て行きました。

翌日「ありがとう、おかげで昨夜はぐっすり眠れたわ」と言うわたしに、「今夜も同じ時間に入らなくてはだめよ。続けて7回入らないと効果がないんだから！」と真顔《まがお》で言うのでした。

●用意するもの

有精卵　1個

レモン　1個（できれば有機栽培の物で、ワックスがかけられていない物）

ミルク　1カップ（できれば加工乳ではないもの）

●入浴のし方

①身体がすっぽり入るくらいに浴槽に湯を張ります
お湯は人肌ぐらいの熱さにしてください（35℃～

36℃)
②溶いた卵とミルクをお湯の中にいれる(蛇口から出ているお湯と共に)
③浴槽にお湯を張ってから、レモンを半分に切り、4本の切り込みを入れる。それを浴槽の底に押しつけて手のひらでぐるぐると回すように押す(1個分)。レモンはそのままお湯の中に残す
④お湯を一定のリズムで、静かに∞の字に30回掻《か》き回す
⑤15分間お湯に身体を浸《つ》ける
⑥身体を叩《たた》くように、タオルで軽く拭《ふ》く
⑦フランネルの布で頭から足の先まですっぽり包み、暗くした部屋で1時間(最低30分間)横になる
㊟必ず続けて7日間、同じ時間に入ります。

日本は美しい自然に恵まれ、わたしたちの祖先は古来、その自然がもたらす大いなる力に慰められ、癒《いや》される術《すべ》を知っていました。皆さまもきっとおばあさまやおじいさまに伝えられた方法をご存じのことと思います。わたしも子どもの頃、毎年5月になるとおばあちゃんが用意してくれた菖蒲湯《しょうぶゆ》に入るのが楽しみでした。鬼を退散させた菖蒲が持つ魔法の力を身体いっぱいに授《さず》かったように嬉しく、お風呂に入った後は、自分がぐんと強くなったように感じたことを思い出します。

今回は、ルドルフ・シュタイナーの思想を根底にした医療から考えられた、心身共にリラックスさせるお風呂の入り方をご紹介しました。もし、皆さまもご興味を持たれましたら是非試してください。日本古来から伝えられたものとはまた趣《おもむき》が異なり、違った安らぎを得られるかもしれません。

11年の間、生まれ育った故郷を離れてアメリカで暮らすことは、わたしにとっていつも身体や心に緊張を強いるものでした。年を重ねれば重ねるほど仕事はますます複雑で多岐《たき》になってゆきました。そして、わたしは長い休暇になると決まって身体の調子を崩《くず》しました。緊張が緩《ゆる》み、「今だったら休めるから病気になっても大丈夫」とわたしの精神が、心と身体に囁《ささや》いたのでしょうか。ルドルフ・シュタイナー・カレッジを取り巻くコミュニティーの周辺には

人智学医療を実践しているラファエロ医療センターがありました。そして、そんな時わたしはドクターを訪ねました。わたしの顔色を見たり、脈を測ったり、いろいろ様子を聞いて下さった後、ドクターは決まって鉄分を補う薬と持病の肝炎（A型でも、B型でもない）を心配して薬を出して下さいました（苺《いちご》と葡萄《ぶどう》の葉を乾燥させたもの）。そして最後には必ず、「ゆっくり休んだ方がいいですね。オイルバスとマッサージを受けてください」とおっしゃるのでした。実はわたしはそのことばを心待ちにしていたのです。

別棟にある治療室に行くと、ドクターから連絡を受けたドイツ人の治療師がバスタブにお湯を張り、オイルを入れてわたしを待っていてくれました。ぬるい、ぬるいお湯に浸《つ》かり、全身を大きなタワシで擦《こす》られます（擦り方も一定の法則に従います）。終わると彼女は静かに消え、後は15分間、静かにお湯に浸かり続けます。

時間になると彼女はわたしに大きなフランネルの布を頭から足の先まですっぽりかぶせ、その上からウールの毛布でくるんでくれました。そして、ベッドの上に横たわるのです。明かりをつけていない部屋には、天窓から一条の光が射し込んでいました。それはまるでこの世とも、あの世とも定かでない空間のように感じられました。うつらうつらする時もあり、ぐっすり眠ってしまうこともあり、また意識が冴々《さえざえ》として考え事をすることもありました。……精神の力がわたしの存在を貫いている……そのことを強く感じる時間でした。

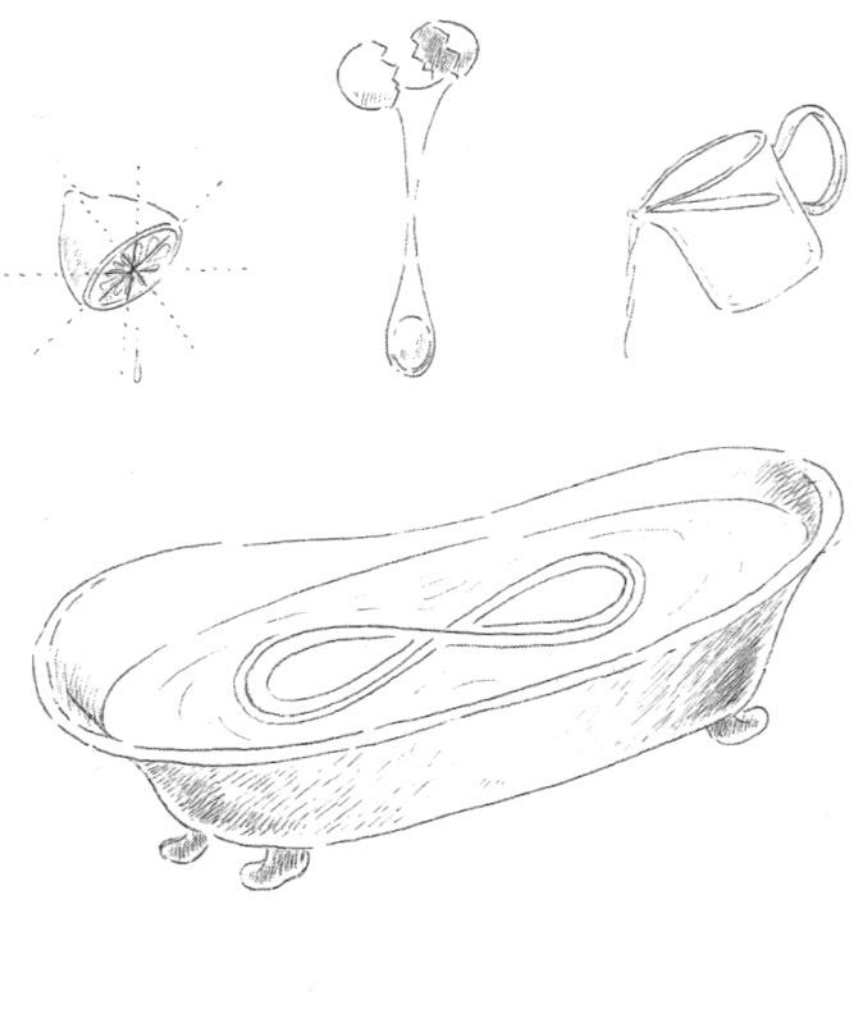

Q&A

大村祐子さんが皆様から
寄せられたご質問に回答します。
子育ての悩み、教育問題、
人智学、人生相談、人間関係など、
テーマは自由です。

質問をお寄せください。
FAXまたは郵便でお願い致します。

あて先〒101-0054東京都千代田区神田錦町3-21　三錦ビル
ほんの木「大村祐子さん」Q&A係まで
FAX03-3295-1080　TEL03-3291-5121（編集室）
あなたのお名前、ご住所、電話番号をお書きください。
質問は編集部で200字以内にまとめます。原則的に記名で掲載します。（イニシャルも可）

シュタイナーはお金がないと出来ない……どうしたらいいでしょう。

Q あと一年で長女は小学生。公立小学校はやはり不安です。一人で子どもの学びの手助けはできそうにないし、大阪の（シュタイナー教育の）土曜クラスをしてくれるという方の講師料は、二、三人の生徒では払えません。神戸ではオイリュトミーや読書会がありますが、授業料は我が家の家計ではきつく、シュタイナー関連の書物もわりあい高価だし、結局、あきらめています。このごろ、シュタイナーはお金がないと出来ないと考えていますが、どうしたら、どう考えたらいいでしょう。

兵庫県　植野和美さん

A 昨年のブックレットの6月号に「シュタイナー貧乏」という言葉がある、ということを書きましたが、覚えていらっしゃいますか。わたしも二年前に日本に帰って来るまでは、そんなことばを聞いたことがありませんでした。「講座に出て勉強もしたいし、子どもにもオイリュトミーをさせたいし、おもちゃやお人形は自然素材でつくられたものを使わせたいし。あれもこれもと思うと、気が遠くなるくらいお金がかかります。祐子さん、シュタイナー貧乏っていうことばがあるの、ご存じですか」と、若いお母さんが深いため息をつきながら、つくづくおっしゃっていました。

植野さん、あなただけではありません。沢山《たくさん》の方々がこう言って嘆《なげ》いていらっしゃるんですよ。まったくそのとおりですね。皆さまに「ひびきの村」で行われているワークショップに参加していただくことを考えても、そのためには交通費、宿泊費、受講料がかかりますものね。それだけではありません、その他にも諸々の費用が必要でしょう。「せっかく北海道に行くのだから、家族みんなで行きましょうよ」ということにでもなったら、一年分の教育、娯楽費を使い切っても足りないくらいでしょう。どうしたらいいんでしょうか。

ルドルフ・シュタイナーは「社会三層構造」という考え方をわたしたちに示して、「労働に対して賃金が支払われる」という現代の経済機構を考え直すように促しました。「社会三層構造」とは、わたしたちが社会生活を営む上でのもっとも基本的な考え方、すなわち「法の下の平等」「経済の友愛」「精神の自由」を示します。講座の二年目の今年、いつかこの「社会三層構造」について皆さまとご一緒に学びたいと考えています。今、植野さんが困惑していらっしゃるお金のことは、「経済の友愛」の領域ですね。シュタイナーの示している考え方は、「いっさいの労働に価値をつけない」ということです。つまり、「働いたことによって報酬を期待しない」ということ、もっと簡単に言うと、わたしたちはすべての労働をボランティアとしてする、ということです。「じゃあ、どうやって生活するの?」と思われますでしょうね。たとえばわたしが暮らす「ひびきの村」では、スタッフはすべての仕事をボランティアとしてしています。そして、そういうスタッフの生活を「ひびきの村」が支えている、ということなのです。お分かりになりますか? こうすると、「この人は若くて経験が浅いから」「この人は専門職だから」「この人の仕事は単純な手作業だから」「この人は他のスタッフの三倍も働いているから」「この人の仕事ははかどらないから」「この仕事は頭脳労働だから」というようなことで、支払われる賃金が決められる、ということがなくなります。

お給金の額はスタッフそれぞれが自分で決めます。わたしたちは自分がどのような生活をしたいか考えます。そして、そのために必要な生活費を自己申告するのです。「ひびきの村」ではさまざまな事業が行われていて、それを実現するために必要なスタッフの数が決められています。そして、年間の予算を立てる時にはその中に、スタッフに支払われる生活費も当然計上されます。スタッフが申告した生活費の総額と、「ひびきの村」の計上した予算を照らし合わせ、両者の数字が一致する場合はそのまま支払われますが、一致しない場合は、それをスタッフに報告してもう一度、調整してもらいます。予算ももう一度見直されます。どちらが多い場合でも同じプロセスを行います。

こんなふうにすると、わたしたちは自分たちの生活を自分たちで決められます。与えられた賃金によって、本意でない生活を強いられたり、また思いがけない贅沢《ぜいたく》ができる、というようなことはありません。ここでは詳しく書く余裕がありませんが、わたしはこの「経済の友愛」の考え方を実践してみて、自分の生き方を自分で考え、決めることができる、これこそが真に自由な生き方である、という強い確信を持つことができました。とても大切なことですので、今年中に必ず講座で学びましょうね。

　ともあれ、今のわたしたちの現状は、よほどの大金持ちでもない限り、欲しいものをすべて手に入れるわけにはいきません。「あれが欲しいな」「これもいいなあ」「そっちもすてき！」わたしたちの欲望は止まるところを知りません。植野さん、そんな時、あなたはどうなさいますか？　欲しい物や、したいこと、行きたい場所の優先順位を考えませんか？　そしてその優先順位に従って手に入れるようにしますでしょう？　いちばん大事なもの、いちばん大事なこと、いちばん大切な人を優先しますね。

　わたしの次男がサクラメントのシュタイナー学校へ通っていた時、クリストファーという同級生がいました。その子にはお姉さんが二人、お兄さんが一人いました。そしてクリストファーを含めて、兄弟姉妹みんなが幼稚園から高校まで、サクラメントのシュタイナー学校で勉強しました。末っ子のクリストファーの卒業式に、彼のご両親が話していたことをわたしは忘れることができません。

「我が家のベービーもとうとう卒業だね」「長かったわね、デイヴィッド（長男）が幼稚園に入園した日から、21年経ったのね」「君はよく頑張ったよ」「いいえ、あなただって仕事を二つも三つもかけ持ちして、頑張ってくれたじゃないの」「この21年間、楽な時なんてなかったけど、キャスリン（次女）が手術をした時は、子どもたちにシュタイナー学校を続けさせるのは無理だ、もう諦《あきら》めようって思ったね」「そうね、あの時がいちばん辛かったわね。明日、転校手続きをしよう、って考えていた日だったわね、母から小切手が送られてきたのは。キャスリンの手術費を捻出《ねんしゅつ》するために、子どもたちを公立の学校に転校させようと思っている、って、その二、三日前に母に話したのよ」「あのお金は君のお母さんが、老人ホームで暮らすために貯めていたものだったんだよね」「母は歳をとってからも自立していたい、って常々言っていたから、一人で生活するのが大変になったら、老人ホームに入るって計画をたてていたの。そんな大切なお金を受け取れないわ、って断ったらあの時、母がなんて言ったか覚えている？」「勿論だよ、一生忘れないよ」「『子どもたちの未来は長いわ。四人の子どもたちのこれからの人生をぜんぶ合わせたら、わたしが老人ホームで暮らす年月は微々たるものよ。彼らの長い人生を価値あるものにするために、使ってちょうだい。シュタイナー学校が子どもたちのために必要だって、あなたたちは確信しているんでしょう？　だったら、それを貫いたらいいわ。わたしはいいの、どこででも暮らせるから』母はそう言ったのよ」「子どもたちがシュタイナー学校で勉強を続けるためにって、持っていたお金を全部呉《く》れたんだったね」「ありがたいわね、わたしがおばあちゃんになって、孫のためにそんなことできるかしら？」「お母さんには家に来てもらおうね。みんなで精一杯のことをしようね」「ええ、勿論！　子どもたちもそのつもりよ。みんな感謝しているわ」「君もこれからは少し楽したらいいよ。欲しい物があったら買ったらいい」「ありがとう。でも、その前に屋根の修理をしなくっちゃ！」「そうだったね、よく保《も》ったねえ、うちの屋根！」「屋根も分かっていたのよ、今はなんとか頑張って保たせなくちゃ、ってね」「屋根が吹っ飛ぶ前に修理ができそうでよかったわ！」「君の車も買い換えなくちゃね」「あなたの車だってひどいもんだわ。いつ壊れても不思議じゃない、ってあなたいつも言っているじゃない！」「いつどこでエンストするか分からなくて、毎日ひやひやしてばかりいたからなあ。これからは故障するんじゃないかと心配しながら運転しなくていいだけでもありがたい！」「わたしたち本当によく辛抱したわね。でも、よかった！　子どもたちがみんな、シュタイナー学校で勉強できて」「楽しませてもらえたし、第一、僕たちも子どもたちと同じくらい学んだと思うよ。ありがたいことだ！」

　クリストファーのご両親の話を聞きながら、ずーっと以前にハイディーのお母さんが話してくれたことを、わたしは思い出していました。ハイディーと次郎が大の仲良しだったので、わたしたちはいつのまにか家族ぐるみでおつき合いをするようになり、一緒に過ごす時間が長くなってゆきました。子どもたちが進めているプロジェクトの資料を集めるために、その日わたしはハイディーのお母さんとダウンタウンにある市立図書館へ行く約束をしていました。大きな樫《かし》の木の美しい並木の下を通りがかった時、スーザンがその一角を指さしてこう言いました。「わたしたち、以前はあの家に住んでいたのよ。シュタイナー教育を知って、三人の子どもたちをシュタイナー学校に入れようって決めた時、この家を維持してゆくことはむずかしいって分かったから、これを売って今住んでいる小さな家に移ったの」車の中からスーザンが指さす方を見ると、木立の向こうに大きな家が見えました。それはまるで小さなお城のようでした。「この家はね、ひろーい庭が気に入って買ったの。庭には小川が流れていてね、アヒルの親子がよく水浴びしていたわ。テニスコートもプールもあったから、わたしも思いっきり運動ができて、とってもありがたかったのよ。今は運動不足で、こんなに太っちゃった！」ケラケラ笑うスーザンの横顔を、わたしは黙って見つめるばかりでした。わたしの友人には、ぎりぎりの生活の中から、子どもをシュタイナー学校に通わせているシングルマザーもいました。

　子どもをシュタイナー学校で学ばせたいと考える親がみんな、彼らのようにやりくりを強いられる情況に在るわけではないでしょう。十分な経済的余裕をもっている方も多いと思います。けれど、わたしが知っている親はだれでも、日本でもアメリカでも、私立の学校で子どもを学ばせるためには、多かれ少なかれ、経済的な苦労をなさっているようでした。わたしの家族に限ってみても、わたしたち親子がアメリカで学ぶために、家を持つことを諦《あきら》めました。わたしたちは家族のみんな（親も含めて）が意味のある人生を送るために、教育がもっとも大切であると考えたのです。

　植野さん、わたしがサクラメントで出会ったシュタイナー学校の父母たちのような生き方を、あなたに勧《すす》めているわけではない、ということはお分かりですね。前にも申しましたように、あなた自身も勿論お分かりのように、全てを手に入れることができない情況の中で、一つを選ばなければならない時、わたしたちは他を諦めなければなりません。あなたのお子さんにシュタイナー教育が必要であり、それは絶対に譲れない、とあなたがお考えならば、他のどんなことを犠牲にしても、シュタイナー教育を受けさせたらよいでしょう。もし、今あなたご自身が勉強なさることが他の何にも増して大切なことだ、とあなたが確信なさるのでしたら、他のすべてのことに先んじて、オイリュトミーや講座に出られたらよいでしょう。とても聞きづらいことと思いますが、あなたがシュタイナーの思想やシュタイナー教育を学ぶことや、あなたのお子さんにシュタイナー教育を受けさせることが経済的に無理だということでしたら、諦めることも大切かもしれませんね。公立の学校で、素晴らしい教育を実践している先生もいらっしゃいます。もしかしたら、あなたはお子さんを公立の学校に通わせて、そこで仕事をしていらっしゃる先生方とご一緒に、公教育をより良いものにする、という使命を持っていらっしゃるのかもしれません。「大村さんは、自分の子どもがシュタイナー学校を卒業したから、それに他人事だからそんな呑気《のんき》なことを言っていられるのよ」とおっしゃる声が聞こえてくるようです。そうですね、そうかもしれません。わたしも長男のために「なんとかより良い教育を」と思って探していた時は必死でしたもの。

何のお役にも立てずにごめんなさいね。ただ、わたしは他の全てをなげうって、一生懸命働きながら、子どもをシュタイナー学校に通わせていた親御さんをたくさん見てきましたので、植野さんがお考えになる時の、参考になさってくださるといいな、と思って書きました。

短気な性格を直したいと思うのですが、どうすればいいですか。

Q 私はものすごく短気（いわゆるキレやすい性格）で、子どもや夫にあたって、家庭を暗くしています。この短気な性格を直したいと思うのですが、どうすればいいですか？

埼玉県　羽入博美さん

A 羽入さん、実はわたしも短気なのですよ。自分でほとほと嫌になるほど、短気なのです。どうしたら直せるのでしょうか？　わたしが教えていただきたいほどです。これまで生きてきた55年の間に、どれほど多くの人を、短気故《ゆえ》に傷つけ、悲しませ、憤《いきどお》らせ、悩ませ、困らせたことでしょう。この気質は一生直らないだろうな、と思っています。昨年の12月号の「四つの気質」で学びましたように、生まれ持った気質は直らないのです。ですから直そうとしても無駄なのです。覚えていらっしゃいますか？　シュタイナーは「気質を直そうとしてはいけない」と言っていましたね。

あなたやわたしのように短気な人は胆汁質《たんじゅう》ですね。胆汁質は正義感が強く、不正義を憎みます。また、物事を積極的に進める力を持っています。困難や失敗にも挫《くじ》けません。人を引っ張ってゆく力もあります。ただ、感情体が強いので、それに支配されることが多くあります。そのためによくキレます。時には暴力的になることもあります。さて、こんな気質を持って生まれてきたわたしたちがはたさなければならない課題は、いったい何なのでしょう？　そうですね、人の先に立って物事を進めてゆき、その仕事が自分自身の、そして共に生きている人たちの、ひいては全人類の「精神の進化」を遂げるように努力することですね。わたしはそう確信しているのですよ。

　羽入さん、あなたは「短気な気質のためにキレやすく、家庭を暗くしてしまう」とおっしゃっていますが、あなたがキレていない時、あなたの力はご家庭や、地域で、また子どもが通う幼稚園や学校で、どんな力となっていますか？「有珠山の噴火で避難所生活をしている子どもたちに、お手紙を書きましょうよ！」「なんて良いお天気なんでしょう。みんなでピクニックに行こうか！」「図書室の本が足りないわ。バザーをひらいて本を買う資金をつくりましょう！」「夕べの大風でクリの木の葉っぱがみんな落ちちゃったわ。そうだ、落ち葉を掃いてたき火をしよう！　お芋を焼いて食べよう！」あなたはいつでもこんなふうに、あなたの家族やまわりの人たちの気を引き立たせ、楽しませ、彼らが積極的に生きるために助けてあげていませんか？

　あなた自身もあなたの気質をどうにもできない、とおっしゃっていますね。もし、どうにもできないのであれば、今は目をつむってはどうですか？　そして、あなたが胆汁質ゆえにできること、つまり、みんなの生命が生き生きするように、みんなが幸せになるように、みんなが生きていることを感謝できるように、みんなが充実した生き方ができるようにそんなことを大事にされたらどうでしょう？　そうしたら、たとえあなたが「キレる」ことで迷惑をかけたり、暗い気持ちにさせたり、悲しませたりしても、それを補うことができるのではありませんか。いえ、補って余りあるのではないでしょうか？　勿論、あなたの気質があなたにさせる感情的な行為や、暴力的なことばをあなたがコントロールできるようになったら、それに越したことはありません。10月号では「感情」のエクスサイズをします。それまでに、今月号の「思考」のエクスサイズ、そして次号に予定しています「意志」のエクスサイズをおやりくださいますか。エクスサイズをなさって、「思考」の力と「意志」の力があなたの内で育ちましたら、自然と「感情」をコントロールできるようになっていて、あなたはきっと驚かれますよ！　なぜって、「感情」をどのように表現するか、ということは「思考」の力で考え、決めます。そして、考えたことを「行う」ためには「意志」の力が働きます。ですから、「感情」をコントロールするためには「思考」し、「意志」することが大切なのです。

　羽入さん、どうぞ、今から「自分を知るためのエクスサイズ」を始めてください。毎日続けていたら、1ヶ月後のあなたは必ず変わっているはずです。今よりは「キレる」ことも少なくなっていることでしょう。

父親不在は子どもにどんな影響を与えるのでしょうか。

Q

私の主人は夜2時、3時、または5時などに家に帰って来ます。子どもも可哀想ですし、自分も主人に対して不満を持ってしまいます。不況なのでどこの家庭でもこのような状況かもしれませんが、父親不在は子どもにどんな影響を与えるのでしょうか。

広島県　八木千恵子さん

サクラメントへの留学を考えています。子どもが父親と離れて暮らすこと、3歳と7歳の子をポンと英語圏の世界へ入れてしまうことに少々不安もあります。どうなのでしょうか。

兵庫県　伊藤雅子さん

A

わたしの友人の父親は、企業戦士と呼ばれたサラリーマンでした。彼は小学生時代に、父親と遊んだ記憶はほとんどないと言います。それでも彼は父親を恨《うら》んだり、厭《いと》うこともなく、いえ、それどころか父親を尊敬していたそうです。彼の母親は毎晩寝る前に、彼と彼の兄を連れて、東横線の線路まで散歩したそうです。そして、「お父さんは今夜もこんなに遅くまでお仕事をしてくださっているのよ。この電車に乗って元気に帰って来られるようにお祈りしましょうね」と言ったそうです。そして、都心に向かって3人で手を合わせ、祈ってから家に帰って寝たということです。

友人は嬉しそうに、幸せそうに、誇らしげにその話をしてくれました。「だから、母親の考え方と生き方次第だと思うよ。父親が家庭にいなくたって、その父親を心から尊敬することだってできるんだ」

厳しいことを書くようですが、あなたは「子どもがかわいそう。そして、わたしも不満を持ってしまう」とお書きになっていますが、ご主人の不在をあなたが寂しく思っているのですね。あなたが恨んでいるのですね。あなたがつまらないのですね。勿論、子どもさんも寂しがっているでしょう。でも、わたしにはあなたの寂しさの方が強く伝わってくるのですよ。ご主人が遅く帰宅されることは、あなたは勿論のこと、ご主人自身にもどうすることもできないことなのでしょう？もしそうであるなら、その情況の中で、楽しく暮らすことを考えなければなりませんね。わたしの友人の母親のように考え、ご主人に感謝し、大切に思うか……毎日不満と寂しさと怒りの中で暮らすか……もし、今より少しでも改善できる余地があるのなら、ご主人にも考えていただいたらどうでしょうか？

子どもさんに与える影響は、あなた次第だ、とわたしは考えています。世の中には父親がいない子どもは大勢いますものね。その子どもたちは可哀想なのでしょうか。だれでも自分の運命と共に生きています。お父さんが家族のために身を粉にして働いてくれていることを、あなたが感謝し、誇りに思っていたら、あなたのお子さんもお父さんに感謝し、お父さんを誇りに思うに違いありません。あなたのご主人が2時、3時、時には朝方の5時にお帰りになるという異常な情況が、これから先10年も続くとは思えません。あなたがどう考えるか、どういう態度をとるか、どうぞあなたが決めて下さい。

サクラメントに留学されることを考えていらっしゃる伊藤さん、どんな決断をしても、得るものと失うものがあります。ご主人が、あなたの子どもさんが成長するために大変大きな影響と力を与えている、そして、お子さんたちもそれを必要としている、とお考えでしたら、日本で、お父さんと一緒に暮らしたらいいのでしょうねえ。もし、お父さんが子どもさんにとってそういう存在ではない、とお考えでしたらサクラメントに行かれても構わないのではありませんか。わたしはこういうご質問にお答えするたびに、躊躇《ちゅうちょ》するのですよ。そして勇気を振り絞《しぼ》らなければなりません。なぜなら、答えは決して一つではあり得ず、わたしの答えが尋ねている方々が必要としていることかどうかとても心許《こころもと》ないからなのです。

わたしが当時9歳だった次男を連れてアメリカに行った時には、わたしたちの情況がありました。それは世界中のだれとも違う情況だったはずです。その中で、わたしは決断しました。決してあの情況の中での最上の決断を下したわけではありません。最上の決断を下そうとも考えていませんでした。「今必要なことをしよう」と考えました。ですから、わたしが下した決断のために、わたしたち家族みんなが寂しさを耐えなければなりませんでした。本人の希望とは言え、長男を日本に残してゆくことは、わたしにとって実に大きな苦しみと悲しみでした。経済的にも失うものは実に大きいものでした。こんなことを引き起こしたわたしの決断を、「間違っている」と考えた人もいるに違いありません。事実、わたしにそう言った人もいました。ですからわたしはいつも自分に言い聞かせています。「ベストの決断はあり得ない」と。自分で下した決断がどんな結果になろうとも、それを引き受けよう、と。決断することを躊躇《ちゅうちょ》する心を振るい立たせます。

お便りをお送り下さい。　〒101-0054　東京都千代田区神田錦町3-21　三錦ビル
「ほんの木」通信講座係まで。FAX 03-3295-1080

読者のお便り

お便りと「お便り」に対するお便りもお送り下さい。

●学校をつくりたいと思います

6号の「学級崩壊から子どもたちを救う」を読み、感動しました。心から学びたいと思っている子どもたちに、真の教育を受けさせてあげられるということは、なんて幸せなんだろうと思い、勇気が出てきました。学校をつくりたいと思います。

埼玉県　近藤幸子さん

●まどろんでいるものがとけた気がする

6号の「人はなぜ生きるのか」は、とても深いお話が聞けてよかったです。私の中で、まどろんでいるものが少しだけとけたような気がします。「シュタイナー教育の目指すもの」を読んで、やっぱりOKなんだと思いました。

愛知県　千賀久子さん

●大村さんの答えに愛を感じる

Q&Aに質問を投げかけてくる方たちに対して、大村さんの答えは平等であり、愛を強く感じる。愛というものは、与えるだけではない。時に、現実に向き合う強さを持つため、スパッと切り離して意見することも、愛だと感じている。

東京都　清水よしのさん

●積極的に学校づくりに参加していきたい

私のまわりの人で、シュタイナー教育は素晴らしいと思っている人は多いのですが、積極的に学校をつくろうという人が少ないです。まずは、私から積極的に学校づくりに参加していきたいと考えています。みなさん、頑張りましょう。

広島県　八木千恵子さん

●シュタイナーを学ぶ親の会を再開

シュタイナーを学ぶ親の会を再開しました。大村さんの本から力をいただきました。私の使命というと大げさですが、人より私ができることは、子どもたちを保育できる、歌がうたえる、くらいです。望む人がいる限り、応えていこうと思います。わらべうたあそび、おはなし、手仕事など、楽しんでいこうと思います。

香川県　岡本佳代子さん

●胸につかえていたものがすっきりした

大村さんの二度の講演をおききして、心に残っていることのひとつが、「何かを選択したならば、別の何かをあきらめなければならない時があるのです」という言葉です。本当ですね。胸につかえていたものが、すっきりした気分です。何を選ぶかは自分が決めることなのですから。

大阪府　上保ゆかりさん

●寄り添ってくださる大村さんを感じる

毎号、読み終えた後、感じるのは、感性豊かでやさしい大村さんにひっぱられ、何もわからない私が一年間来たこと、そしてまた、二年目を続けようと思うのです。教えるという立場でなく、横に寄り添っていてくださる大村さんを感じます。

東京都　柿並かほるさん

●子どもをつぶされたくない

新入生の母です。入学式のあくる日から、書類集めやお金の計算、授業内容が終わった後の残り時間、身体検査などで教室に戻ってきた子どもたちにテレビを見せる学校にがっかりしました。強い反感を担任の先生に持ちつつ、学校に毎日送り出すことは、きっと本人にとって良くないだろうと感じています。今度、懇談会で先生がそうされる気持ちをうかがいながら、私の気持ちを言おうと思って

います。また、学校にはまかせられないとも考えて、大村さんの本にある直線や曲線のフォーム・ドローイングや笛などの勉強も始めてしまいました。家で母が先生役もするというのは、子どもにとって負担になっていくのでしょうか。子どもをつぶされたくない、つぶしたくない思いでいっぱいです。

栃木県　多田三江子さん

●親友ってなんだろう

大人になって親友ってなんだろうと思うことがある。仕事には考えが似た仲間がいる。子ども関係のお母さんとは仲はよいが思想にはふれ合わない。学生のころの友人とは気はやすらぐが人生の方向がさまざまである。人生ってなんだろう。子どもなのか、夫婦なのか、仕事なのか、やりがいなのか。しかし今、女性としての親友っているだろうか。ふと、一人ぼっちの自分に気がつき、さみしさを感じることがあります。兵庫県　永井祐子さん

●感情を抑制する切り札がほしい

ゆったりと生きている人を見るとうらやましくなる。私のところへやってきた子どもたちは、降り立った時のよい状態を私の神経質さで失いつつあるのではないか、と悲しくなる。そうであっても、やっぱり、ゆったり子どもたちを見つめられない自分がここにいる。頭では「こうするべき」というのがあっても、いざとなると感情が先走る。抑制する切り札がほしいです。

広島県　市場公さん

●「休むこと」を選択する勇気

シュタイナー教育について、本格的に学び、関わろうとしていた一年前、娘も三歳で少し手が離れ私も仕事をし、経済的にも少しゆとりが出てきた時でした。突然あきらめかけていた「二人目」を妊娠。この何より嬉しいできごとに、シュタイナー教育の活動を一時休もうと決める、その勇気をくれたのは、この講座でした。矛盾するようですが、「今休むこと」を選択させていただいたのです。だから良い生徒、熱心な生徒ではありませんでした。アンケートにもきちんと答えられませんでした。講演会で（一方的に）お会いした大村さんを尊敬しつつ、それは辛いことで、焦ることでもありました。でも今、産まれた子をじっくり見ることができることを、大村さんに感謝しています。今後も「マイペース」ですが学んでいきたいです。よろしくお願いいたします。

東京都　後藤千恵子さん

●ひびきの村のこと心配しています

有珠山のこと、大村さんはじめ「ひびきの村」のスタッフの方々のこと、遠いながらも心配しております。「いずみの学校」の子どもたちも、どれほど心細い思いをされていることでしょう！　何も手助けできませんが、地域の皆様が無事、以前の生活に戻られますことを心よりお祈りさせて下さい。

千葉県　高森久美子さん

※編集部には、その他たくさんの方々から、「ひびきの村」へのお電話やお便り、支援金等をいただきました。みなさんの温かいお気持ち、本当にありがとうございました。

編集室だより

●第2期の始まりに当って

第1期から継続の会員の方、第2期で初めて入会された方、1年間全6回のブックレット、よろしくお願い致します。本来でしたら6月1日発行の所、有珠山噴火の影響等があり、伊達市にある「ひびきの村」もこれらの事情により業務に遅れが生じ、大村祐子さんの原稿がどうしても期日に間に合わず、6月15日発行となってしまいました。ご入会の皆様にはご心配をおかけし、失礼致しました。なお、噴火による直接的被害は今の所、「ひびきの村」には出ていません。スタッフは、ボランティア隊を結成し、避難所に慰問等に出かけています。この間ご心配いただいた大勢の会員の皆様方に深く感謝申しあげます。

また、今号よりの表紙絵は「ひびきの村」いずみの学校等で絵を担当されている中村トヨさん（本名、豊信、49歳）にお願いしています。全6回お楽しみに。

●小冊子「心の教室」

第1期通信講座は、初めての「シュタイナー教育」での試みとあって、毎日、毎号入会される方が増え続け、本当にうれしい結果となりました。特にこの近年、シュタイナー教育に対する深い関心が高まり、「ブーム」という噂さえ聞こえてきます。本当の意味で大村さん、そして私共ほんの木が始めた通信講座が問われるのは、第2期め、と考えています。また今期も広く教育や子育て、人生等に思いを寄せていらっしゃる方々と、新しい出会いをくり広げたいと心から念願しています。

今期から始まる「心の教室」は「会員間の交流やネットワークを作って下さい」という多くの読者・会員の方々の声を私共なりに具体化した会員用特典です。お互い住む所が離れていても、顔を合わせることが無理であっても、「心」を一つにしてお互いに学び合える、ホーム・ルームのイメージを考えてみました。お便りやディスカッション、情報など、ぜひお寄せ下さい。時にはお電話をさしあげ、ご意見をいただくこともありますので、ご協力下さいますようお願い致します。

また、通信講座のチラシ・リーフレットをお配りいただくご協力もお願い致します。何度も申しわけありませんが、少しでも多くの方々にご入会いただくため、ご支援・ご理解を承りたく、お願い申しあげます。（もうこれ以上配れん！という方、また可能性の出た時でけっこうです。ご協力頂き感謝致します）

●スクーリングの本、編集中！

さて、スクーリングについてです。2月東京、3月大阪、4月29・30日と東京で行われました。2日間、参加された皆様、いかがでしたか？　とても柔らかい、やさしい雰囲気につつまれ、幼稚園のコース担当を小野里このみさん、小学校コースを大村祐子さん、絵を担当した中村トヨさん（今号より表紙の絵を描いていただきます）。3人の見事なチームワークで、わかりやすく子どもたちへの接し方を教えて下さいました。

ほんの木では、参加できなかった会員の皆様方にむけ、幼稚園、小学校の実際の保育と授業のもよう、2日間の風景を一冊の本またはレポートにまとめる予定です。ご興味のある方はお楽しみにお待ち下さい。8月発行号にて告知致します。

なお、スクーリングに関して、全国各地で開催を希望される会員の方々がいらっしゃいますが、第2期も秋以降に発表致しますのでしばらくお待ち下さい。また、どうしても実施のための費用がかなりかかりますので、（会場2日間、交通費、宿泊費、材料代、準備スタッフの経費など…）少人数という形では無理となります。大勢の集まれる開催地にならざるをえない諸事情を何卒おふくみおきいただきたく、お願い致します。

●シュタイナーをどう生かす？

さて、最近特に「病める若者たち」がとてつもない犯罪をおかす事件が相次いでいます。バス・ジャック、殺してみたかった殺人、5000万円の恐喝、枚挙にいとまがありません。少女たちの援助交際は話題にもならない時代になってしまったかのようです。

何が彼らの心をそうさせるのでしょうか？物資文明、拝金社会、偏差値や競争による教育。そこには古い道徳や倫理、いわんや「神の国」を持ち出しても何も解決できません。

少くともそれは、大人たちのあり方を見事に映し出した社会と思えてなりません。かといって今すぐ、何かを変えれば一斉に「病める若者」たちが減ってしまう、そんな魔法の杖があるわけでもありません。

私たちはシュタイナー思想と教育は、このテーマに対して解決を方向付ける、一つの大きな手がかりと考え、大村祐子さんのご好意とご努力をいただき、通信講座を始めました。従って、理論より実践を、狭くとざされた学びよりも、広く開かれた学びを大切にしたいと考えています。親、家族、家庭をどうすべきか、あるいは、学校を、教育をどう変えるべきか、大人を、社会をどう変革してゆくべきか、テーマは深く、険しく、難しい状況です。「自分の子どもさえ良ければいい、私さえ目覚め、正しければいい」……のでしょうか。

シュタイナーの思想と教育は、学び、深めればそれでよいのではなく、学んだ中身をいかにこれからの社会に於て実践し、貢献するかが問われているのだと思います。いかがでしょうか？ ご意見を下さい。

●編集担当者交代のお知らせ

今号から、第1期の編集を担当した、柴田敬三に代わり、新しく松本美和子が編集をします。大村さんからも強く信頼されている若さと行動力あふれる担当者ですので、よろしくお願い致します。（と、私、柴田が書きました）

●熱帯雨林保護の本！

4月22日、アースデーに発売した『アマゾン、インディオからの伝言』をPRします。「病める日本」を正し、癒す絶対におもしろい本です。50歳をすぎ、今なおアマゾンのインディオを支援し、現地に入る著者、南研子さんには、本当に頭が下がります。ぜひご一読下さい。ブックレット巻末の本のPRページにあります。もちろん大村さんも共感を持って一気読みをしたとのことです。

そのふたりが、札幌で講演会を一緒に共催します。7月8日(土)です。ぜひおいで下さい。講演会のお知らせは下にあります。（編集担当・柴田）

サマープログラム

夏！丘の上をそよぐ風に吹かれ、太陽のぬくもりに温められ、慈雨にあたり、ほんとうに心にあることだけを話し、聴き、行う。1年に一度、心と体を洗濯しにいらしてください。

プログラム内容

「ひびきの村を体験する」「シュタイナー学校の授業を体験する」「子どもの成長と発達とカリキュラム」「シュタイナー幼児教育」「シュタイナー幼稚園と学校の運営」「オイリュトミー楽しむ」「言語造詣を堪能する」「音を創り、聴き、楽しむ」「シュタイナー家庭の医学」「ホメオパシーとシュタイナーによる治療」「治癒教育者養成講座」他。関心、興味に応じてお選びください。中高生のためにはキャンプを、また幼児、小学生のためのプログラムもあります。ご家族そろってお出でください！

ゆっくり・のんびり滞在

あなたは・・たまにはひとりになりたい。自然の中で何もせずゆったりと過ごしたい。温泉につかって一日中ぼーっとしていたい。ゆっくり考えたい。心ゆくまで潮風に吹かれたい。明るいおひさまの光の中でお茶を飲みたい。木陰で鳥の声を聞きながらお昼寝をしたい・・のですね。いつでも「ひびきの村」にいらしてください。ビジターハウスもあります。自然素材を調理したお食事も用意しています。おいしいお茶とお菓子もあります。

ビジタープログラム

短期間の講座受講、学校見学、ボランティアワークなど、いつでも、どのような形でもお出でいただけます。ご希望に沿ってスケジュールをお作りいたします。ご相談ください。

ウィンディーヒルズ・ファーム

シュタイナー農法（バイオダイナミック農法）を実践しながら、野菜、麦、ハーブ、加工品、放し飼いの鶏の卵を販売しています。太陽、月、星々の運行が生み出す壮大な宇宙のリズムに従って成長した作物は、生命の力に満ちて生き生きとしています。

えみりーの庭

「ひびきの村」で作られたお茶、入浴剤、ジャム、パン、クッキー、草木染の数々、またシュタイナー教育の教材、世界中から集められた手作りクラフトなど美しい品々、書籍、レメディーなどを販売しています。通信販売もしています。

【お問合せ】　ご質問などございましたら、ご遠慮なくお問合せ下さい。
「ひびきの村」事務局　〒052-0001　北海道伊達市志門気町6-13
電話 0142-25-6735　Fax 0142-25-6715　E-mail : info@hibikinomura.org
Home Page : http://www.hibikinomura.org　（２００８年８月現在の情報です。）

「ひびきの村」からのお知らせ

「ひびきの村」とは

シュタイナー教育で知られるドイツの思想家ルドルフ・シュタイナーに倣い、「共に生きる」試みを続けていたら・・生きるために必要な最小限のエネルギーを自然界からいただき、生活に必要な物はできる限り自分たちの手で作る。お年寄り、子ども、そして力の弱い者を大切にし、皆が支えあって生きる・・ということに行き着きました。「ひびきの村」はそんな生き方をしたいと願う人々の村です。牧草が生える小高い丘の上にある村は、噴煙をあげる勇壮な有珠山、初々しい山肌を見せる昭和新山、蝦夷富士と呼ばれる羊蹄山、美しくたおやかな駒ケ岳に囲まれ、目の前には穏やかな水面を見せて噴火湾が広がっています。

ミカエル・カレッジ

おとなが学ぶ学校です。美しい自然の中で共に学び、共に生きる人々と深く関わりながら、ルドルフ・シュタイナーが示す人間観と世界観を学び、それを日々の生活の中で実践する力を養います。そして、生きることの意味と自らの使命が明らかになることを目指します。

- **自然と芸術と人智学を学ぶコース**
- **シュタイナー学校教師養成コース**
- **シュタイナー治癒教育者養成コース**
- **シュタイナー農業者養成コース**
- **シュタイナーの絵画を学ぶコース**

ラファエル・スクール

―教育が治癒として働き、子どもがありのままの自分でいられる学校―

ルドルフ・シュタイナーの人間観をもとに、子どもの様々な個性に応えるシュタイナー治癒教育を実践する学校です。障害の有無に関わりなく、どの子にも治癒教育は必要と考え、統合教育を目指しています。そして、子どもたち一人ひとりに備えられた力が十全に育っていけるように、「ひびきの村」の恵まれた自然の中での野外活動と芸術活動を大切にしながら、専門家と協働しています。子どもたちは「ひびきの村」で暮らすすべての大人に見守られ、愛されながら、「生きることってすばらしい！」「人と共に暮らすことっていいな」「学ぶことって楽しい」と心から感じられる毎日を過ごしています。― **子どもたちができないことを数え上げて、「・・だから、わたしには教育できない」と考えるのではなく、「・・だから、わたしはこの子と共に生きよう」と決める** ― というルドルフ・シュタイナーのことばを、わたしたちの教育活動の礎としています。

フォレストベイ・ナーサリースクール

3歳から6歳のこどもたちのための、シュタイナー幼児教育を実践する保育園です。美しい自然と動物、信頼し愛するおとなに守られて、子どもたちはのびのびと成長しています。

大村祐子さんのプロフィール

1945年北京生まれ。東京で育つ。1987年、カリフォルニア州サクラメントのルドルフ・シュタイナー・カレッジ教員養成、ゲーテの科学・芸術コースで学ぶ。'90～'92年までサクラメントのシュタイナー学校で教え、'91年から日本人のための「自然と芸術」コースをカレッジで開始。1996年より教え子らと共に、北海道伊達市でルドルフ・シュタイナーの思想を実践する共同体「ひびきの村」をスタートさせる。「ひびきの村」代表。著書に「わたしの話を聞いてくれますか」、「創作おはなし絵本」①②、「シュタイナーに学ぶ通信講座」第1期・第2期・第3期、「ひびきの村シュタイナー教育の模擬授業」「昨日に聞けば明日が見える」「子どもが変わる魔法のおはなし」などがある。(共に小社刊)

シュタイナー教育に学ぶ通信講座
第2期　NO.1（通巻No.7）
シュタイナー教育から学ぶ
「愛に生きること」
2000年 6 月15日　第1刷発行
2008年 9 月15日　第5刷発行

著者　大村祐子
企画・編集　(株)パンクリエイティブ
プロデュース　柴田敬三
発行人　高橋利直
発行所　株式会社ほんの木

〒101-0054東京都千代田区神田錦町3-21　三錦ビル
TEL03-3291-3011
FAX03-3291-3030
編集室FAX03-3295-1080
URL http://www.honnoki.co.jp
E-mail info@honnoki.co.jp
振替00120-4-251523
印刷所　株式会社ケムシー
ISBN978-4-938568-79-5

ひびきの村ミカエルカレッジ代表、大村祐子さんが書いた

家庭でできるシュタイナー教育に学ぶ通信講座

第3期 シュタイナーを社会に向けて

子どもは大人を見て育つ、親のためのシュタイナー教育

好評発売中

全6冊セット割引特価8,400円（税込）送料無料
価格 1〜6号1,470円（税込） 1冊ずつでもお求めいただけます

読者の皆様から感動や共感のお便りが届いています。特に3号で掲載した大村さんの授業内容「アフガニスタンの歴史と子どもたちの姿」は、多くの方の共感をよびました。第3期は、私たちがいかに世界と社会に責任と関わりを持って生きるかを考えていきます。

3期1号

世界があなたに求めていること

3期2号

人が生きることそして死ぬこと

3期3号

エゴイズムを克服すること

3期4号

グローバリゼーションと人智学運動

3期5号

真のコスモポリタンになること

3期6号

時代を超えて共に生きること

読者の声

●シュタイナーの考え方を身に付け、家庭で母親としてできること。

私はシュタイナー教育について詳しいことは知りませんでしたが、大村さんが親切に説明してくださるので、とてもわかりやすく学ぶことができました。日々の生活の中で、シュタイナー教育を取り入れていくことは、私自身がシュタイナーの考え方を身に付けていくことなのだと感じています。また何もできない自分、当たり前のことができない自分を恥ずかしく思いつつも、そんな自分でなければできないこと、母親としてできることを探していきたいと思いました。（埼玉県・吉村さん）

●育児に奮闘の毎日、共感できて心がほっとやすらぐ冊子。

このシリーズの冊子を手にすると、心がほっと安らぐような、忙しさの中のささやかなオアシスになっています。今、子育て真っ最中なので、読みながら「そうか！」「こういうことあるな」「なるほどね」と、共感しきりです。大村さんの書く内容は、抽象論だけでなく、実際の体験をもとにやさしく話しかけてくれる感じです。育児に奮闘する毎日の中、この本をいつも身近に置いて参考にしています。（東京都・鈴木さん）

ご注文は「ほんの木」までお申込みください。定価1,260円（税込）以上の書籍は送料無料です。ほんの木 電話03-3291-3011 ファックス03-3291-3030

「よりよく生きたい。自由になりたい」

わたしの話を聞いてくれますか

ひびきの村ミカエルカレッジ代表 大村祐子著・単行本

好評発売中

シュタイナーの思想と教育を実践し、不安と絶望の時代を癒す著者の清冽、感動のエッセイ！

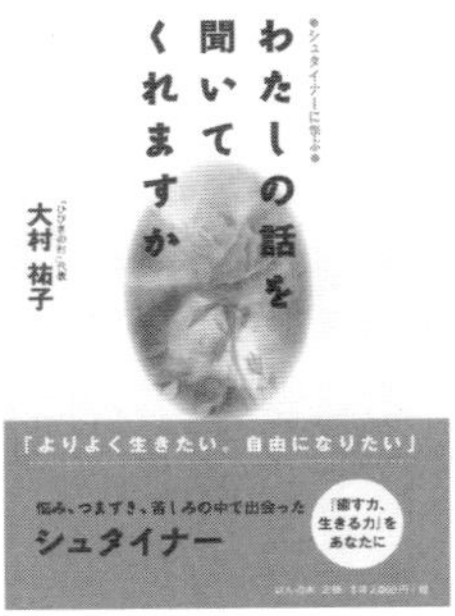

定価 2,100円（税込）
送料無料

大村さんの心の内を綴った初の単行本。人生のヒントに出会えたと、たくさんのお便りをいただいています。

子育て、生き方に迷いを感じたときに著者が出会ったシュタイナーの思想。42歳で子連れ留学、多くの困難や喜びと共にアメリカのシュタイナーカレッジで過ごした11年間を綴った記録です。読みやすいシュタイナーの入門エッセイです。

こんな読者に反響が

- シュタイナーを学びたい
- 子どもを良く育てたい
- 学級崩壊を立て直したい
- 癒されたい、癒したい
- 人生と使命を知りたい
- 良い家庭を持ちたい

学校崩壊、幼児崩壊・親や教師の苦しみに、人生の危機に、シュタイナー教育の力を！

「こんなにわかり易くて、心にしみ込むシュタイナーの本は初めて」と多くの読者から共感の声が！

読者の声

共同通信で全国地方紙に紹介されました！

●すばらしい内容で涙ポロポロ！この本1冊でどんなに深くシュタイナーについて学べるかわかりません。（愛媛T.H.さん）

●思い当たるところあり、感動するところあってこの本を1日でいっきに最後まで読みました。多くの方に読んで欲しい内容です。（東京　O.Y.さん）

●しみじみと感動しました。暖かい心がこもっていてとても好ましい1冊でした。（神奈川Y.K.さん）

ご注文は「ほんの木」までお申込みください。定価1,260円（税込）以上の書籍は送料無料です。ほんの木 電話03-3291-3011 ファックス 03-3291-3030

0～9歳児を持つお母さん・お父さんに人気の、子育て応援ブック

子どもたちの幸せな未来シリーズ

すべての子どもたちが「生まれてきてよかった」と思える未来を！
小児科医や児童精神科医、保育士、栄養士など子どもの専門家たちが各号登場、体と心の成長、食や生活習慣、しつけや遊びなど、子どもの幸せな成長・発達のために大切なこと、知っておきたいことを毎号特集した本のシリーズ。

第1期 シュタイナーと自然流育児

❶～❻号（1期）6冊セット

B5サイズ・64ページ

定価8,400円（税込）➡ **セット販売価格**

8,000円（税込）

創刊号から6号までの6冊セット。シュタイナー教育と自然流子育てを2本の軸に、幼児教育、健康、食事、性教育、防犯や危機対策、親と子のストレス、しつけなどについて考える。

❶もっと知りたいシュタイナー幼児教育
❷育児、子育て、自然流って何だろう？
❸どうしてますか？ 子どもの性教育
❹子どもたちを不慮のケガ・事故から守る
❺子どものストレス、親のストレス
❻子どもの心を本当に育てるしつけと叱り方

第2期 心と体を育てる、幼児期の大切なこと

❼～⓬号（2期）6冊セット

B5サイズ・64ページ

定価8,400円（税込）➡ **セット販売価格**

8,000円（税込）

第2期の7号～12号までの6冊セット。子どもの心と体を健やかに育てる食、絵本や読み聞かせ、シュタイナーの芸術、年齢別子どもの成長とポイントなど、0歳～9歳の子育てに役立つ情報満載。

❼心と体を健やかに育てる食事
❽お話、絵本、読み聞かせ
❾シュタイナー教育に学ぶ、子どものこころの育て方
❿子育てこれだけは知りたい聞きたい
⓫子どもの感受性を育てるシュタイナーの芸術体験
⓬年齢別子育て・育児、なるほど知恵袋

1号～12号まで、各1冊からでもお求めいただけます。各号定価1400円（税込）送料無料